Gabriele Beyerlein

Ins Mittelalter und zurück
Eine abenteuerliche Zeitreise

Gabriele Beyerlein

Ins Mittelalter und zurück

Eine abenteuerliche Zeitreise

Mit Illustrationen von Marc Robitzky

Hase und Igel®

Für Lehrkräfte gibt es zu diesem Buch
ausführliches Begleitmaterial beim Hase und Igel Verlag.

Die Autorin dankt Eva Gilch, der Leiterin des Stadtarchivs und Stadtmuseums Burghausen, für ihre freundliche und sachkundige Unterstützung.

Originalausgabe

www.hase-und-igel.de
Lektorat: Anna Meißner, Sonja Stahuber
Druck: CPI – Ebner & Spiegel, Ulm

ISBN: 978-3-86760-175-7
1. Auflage 2014

Inhalt

1. Kapitel

So ein Pech kann auch nur ich haben! Eigentlich wäre ich jetzt mit Lea in einem super Ferienclub am Mittelmeer, die Reise war schon lange gebucht.

Lea ist meine beste Freundin. Schon zum vierten Mal wollten wir zusammen Urlaub machen, Lea und ich, gemeinsam mit ihren Eltern und mit meinen. Doch einen Tag vor dem Abflugtermin habe ich eine Mittelohrentzündung bekommen und wir konnten nicht fliegen, meine Eltern und ich. Lea mit ihren schon.

Inzwischen bin ich wieder gesund, aber nun ist es zu spät. Wir haben keinen Platz mehr bekommen, um hinterherzufliegen. Stattdessen machen wir drei jetzt allein Urlaub in Oberbayern. Na toll!

Gleich als Erstes schleppen meine Eltern mich hier auf eine Burg. Eigentlich mag ich Burgen ja, Ritterburgen meine ich. Ich stelle mir gern vor, ich wäre ein Ritter und müsste die Burg verteidigen und würde die Angreifer in die Flucht schlagen. Und im Turnier würde ich alle meine Gegner besiegen. Oder ich wäre ein Knappe auf einer Burg und würde lernen, mit dem

Schwert zu kämpfen, Bogen zu schießen und Sturmleitern hinaufzuklettern – und ich würde Geheimgänge entdecken und einen Schatz finden. Jedenfalls würde ich lauter spannende Sachen erleben. Solche Geschichten denke ich mir gern aus. Aber heute habe ich dazu keine Lust. Heute habe ich zu gar nichts Lust.

Angeblich ist die Burg was ganz Besonderes. Dabei sieht sie gar nicht aus wie eine richtige Burg, sondern eher wie ein altes Dorf mit einer Mauer drumherum und jeder Menge Bäume, Wiesen und Gärten und ein paar Türmen und kleinen und großen Häusern. Nicht einmal durch ein Tor mussten wir, um hineinzukommen, und über eine Brücke schon gleich gar nicht. Was ich hier soll, möchte ich mal wissen.

„Wir sind in der längsten Burg der Welt, stell dir das mal vor, Leo!", sagt Mama und liest in ihrem Reiseführer. „Sie hat sechs Burghöfe hintereinander, den ganzen Bergrücken entlang! Wir sind hier im ersten. Er heißt Fünfter Vorhof, und da …"

„Was ist es jetzt, der erste oder der fünfte und wieso nicht der sechste?", unterbreche ich sie, dabei ist mir das völlig egal.

„Ganz vorn, am Ende des Bergrückens, steht die Hauptburg mit dem ersten Hof in ihrem Inneren. Davor liegen die Vorhöfe und die werden hier eben von der Hauptburg aus gezählt", erklärt Mama.

Als ob mich das interessieren würde!

„Vor der Hauptburg kommt der Erste Vorhof und dann …“

„Ich hab Durst“, stöhne ich.

„Irgendwo gibt es bestimmt einen Kiosk, da kaufe ich dir was zu trinken“, verspricht Papa. „Vielleicht im nächsten Hof oder im übernächsten.“

„Ich hab aber jetzt Durst!“

„Gerade eben am Auto wolltest du nichts trinken“, erwidert er und knipst wie wild in der Gegend herum. „Stellt euch mal da drüben hin, ich möchte euch fotografieren!“

Ich mache extra ein blödes Gesicht, damit man auf den Fotos auch sieht, wie doof alles ist.

Dann schlurfe ich hinter meinen Eltern her, bis wir nach einer Ewigkeit den nächsten sogenannten Vorhof erreichen, der eher wie ein Bolzplatz aussieht. Mittendrin steht eine alte Kapelle, die Mama ganz toll findet und die Papa tausendmal fotografiert.

„Hier steht, wann sie gebaut wurde“, verkündet Mama.

Ich höre nicht zu. Jetzt könnte ich mich mit Lea im Pool auf einer Luftmatratze räkeln. Oder wir könnten die Riesenrutsche runtersausen, die es im Ferienclub in der Poollandschaft geben soll, oder Wasserball spielen. Oder mit unseren Eltern in einer kleinen Bucht im Meer schnorcheln und Fische beobachten. Vielleicht würden wir sogar eine Meeresschildkröte sehen wie in unserem letzten Urlaub in der Türkei.

„Schaut nur, die tolle Aussicht, die man von hier oben auf die Stadt und den Fluss hat!“, ruft Mama. Inzwischen ist sie auf einen kleinen Turm an der Mauer gestiegen. „Komm doch auch her, Leo!“

„Keine Lust“, antworte ich.

„Meine Güte, Leo!“, stöhnt Papa. „Nerv uns hier nicht mit deiner schlechten Laune! Wir haben dieses Ziel extra für dich ausgesucht. Du interessierst dich doch sonst so fürs Mittelalter und willst immer jede Burg besichtigen!“

„Aber nicht die hier! Und nicht heute!“, motze ich ihn an. Ich lasse mich auf die staubige Wiese fallen und verschränke die Arme hinter meinem Kopf.

Meine Sommerferien habe ich mir echt anders vorgestellt, als mit meinen Eltern durch irgendeine Burg in Oberbayern zu trotten, auch wenn sie die längste Burg der Welt ist.

Was Lea wohl gerade macht? Ganz gleich was, ich wäre gern dabei – weil mit ihr alles gut ist. Lea und ich, wir kennen uns schon seit dem Kindergarten und gehen in die gleiche Klasse. Anders könnte ich es mir auch gar nicht vorstellen. Wir passen einfach zusammen, genau wie unsere Namen: Lea und Leo. Mama sagt, das mit den Namen ist Zufall, meine und Leas Eltern haben sich ja gar nicht gekannt, als wir geboren wurden. Ich glaube nicht an solche Zufälle. Ich glaube ganz was anderes …

Bestimmt hat Lea im Ferienclub inzwischen andere Kinder kennengelernt, mit denen sie spielt und was unternimmt. Vielleicht erlebt sie so tolle Sachen, dass sie mich gar nicht vermisst …

„Komm“, sagt Papa, bleibt vor mir stehen, fasst nach meiner Hand und zieht mich hoch. „Wir zwei gehen schon mal weiter. Deine Mutter will anscheinend erst noch den ganzen Reiseführer auslesen.“

Wir gehen auf ein großes Gebäude zu, biegen um die Ecke und stehen plötzlich vor einem Burgtor. Es verbindet das Haus mit einem Turm und hat einen großen Torbogen für Pferde und Wagen und daneben einen kleinen für Fußgänger. Vielleicht ist die Burg ja doch nicht so übel. Papa zeigt auf die Löcher im Mauerwerk und erklärt mir, dass man da das Tor zusätzlich mit einem Balken verrammeln konnte. Am Eingang zum Turm steht ein Schild: *Eis – Getränke – Imbiss.* Und noch etwas: *Folterturmmuseum*.

„Na, wer sagt's denn!“, meint Papa. „Da kaufen wir jetzt was zu trinken.“

„Lieber ein Eis“, sage ich.

Er grinst. „Ich dachte, du hast so einen Durst?“

Ich zucke mit den Schultern. „Eis ist schließlich auch flüssig, wenn es im Magen geschmolzen ist.“

Ich suche mir am Kiosk das größte Eis aus, reiße die Packung auf und fange gleich an zu lecken.

„Wollen wir ins Folterturmmuseum?“, fragt Papa.

Folterturmmuseum? Ich weiß nicht. Eigentlich will ich so was lieber nicht sehen. Eben will ich sagen, dass es mich nicht interessiert, da schiebt Papa nach: „Traust du dich das?“

„Klar!“, antworte ich.

Ich muss ja nicht so genau hinschauen. Und außerdem gibt es in meiner Klasse gewisse Jungs, die immer so tun, als könnte sie nichts umhauen. Denen zu erzählen, dass ich in einem solchen Museum war, wäre nicht schlecht. Ich steuere auf die Schranke am Eingang zu. Dahinter führt eine enge, steile Wendeltreppe in die Tiefe. Das lässt sich schön gruselig ausmalen, wenn ich davon berichte. „Hey, das ist cool“, sage ich.

„Cool!“, ruft Mama da hinter mir. Ich habe gar nicht gemerkt, dass sie uns gefolgt ist. „Ich glaub, ich hör wohl nicht recht! Sich mit einem Eis in der Hand anschauen, wie die armen Leute hier früher geschunden worden sind, und es auch noch cool finden! Das kommt überhaupt nicht in Frage!“

„Na ja“, meint Papa und zögert. „Wenn du das so siehst ...“

„Und ob ich das so sehe! Und für Kinder ist das schon gleich gar nichts!“ Mama macht auf der Stelle kehrt und geht wieder ins Freie. Ich will trotzdem die Treppe runter, aber Papa erwischt mich am Arm und zieht mich hinter Mama her.

Also wirklich! Ich bin doch kein kleines Kind mehr!

2. Kapitel

Das Eis ist längst aufgegessen. Ich könnte glatt noch eins verdrücken. Aber auf dem Ohr ist Mama taub. Nur ein Mineralwasser hat sie mir noch spendiert. Nie bekomme ich eine Cola.

Ich sitze mit Mama auf einem Aussichtsplatz außen vor der Burgmauer, auf den wir durch eine schmale Pforte gekommen sind. Papa ist schon wieder mit seiner Kamera unterwegs. Mama blättert in ihrem Reiseführer. „Der Turm hier hat übrigens als Gefängnis gedient und wird Hexenturm genannt", erklärt sie. „Aber besichtigen kann man ihn nicht."

Mal wieder typisch. Kaum ist etwas interessant, darf man nicht rein! Hätte ich ein Smartphone, könnte ich jetzt Spiele machen, dann wäre mir nicht so langweilig …

Ich gähne. Ich habe Mühe, die Augen offen zu halten. Ich lehne mich an Mamas Schulter. Da sehe ich jemanden in der Tür, durch die man in den Burghof zurückkommt. Plötzlich bin ich hellwach. Sie ist es: Lea! Wieso ist sie nicht am Mittelmeer? Was macht sie hier? Und wie sieht sie aus?!

Sie hat ein seltsames langes Kleid aus einem grauen Stoff an und eine dreckige Schürze um. Ihre Haare sind nicht offen wie sonst, sondern zu Zöpfen geflochten. Und ihr Gesicht ist voller Flecken, als hätte sie sich mit total schmutzigen Fingern den Schweiß abgewischt.

Einen Moment sieht sie mich an. „Lea!", will ich rufen. Da ist sie schon wieder verschwunden.

Ich springe auf. In zwei, drei Schritten bin ich bei der Pforte. Durch die Öffnung sehe ich die Stufen, die zum Burghof hinaufführen, einen Baum und den blauen Himmel. Von Lea keine Spur.

Ich trete durch die Tür. Auf einmal wird es ziemlich dunkel und ich höre ein seltsames Geräusch hinter mir. Ich drehe mich um.

Ich fasse es nicht! Hinter mir schließt sich die Wand! Die Tür, durch die ich eben gegangen bin, ist einfach weg! Nichts als Mauerwerk, das ich im Dunkeln kaum erkennen kann. Das kann nicht sein! Ich taste die Wand ab. Rauer, kalter Stein. Überall.

Ich will die Stufen in den Burghof hinauflaufen, Lea hinterher. Aber hier ist keine Lea. Auch kein Burghof, kein Baum, kein Himmel. Hier ist nur eine kurze Treppe, die nach oben in einen düsteren Raum führt.

„Mama!", rufe ich, „Mama!" Und dann noch lauter: „Papa!"

Keine Antwort, zumindest nicht die Antwort, auf die ich warte. Eher so etwas wie ein Rascheln und Schnauben. Und dann ein Wiehern.

Ich laufe die paar Stufen hinauf und bleibe stehen. Mache die Augen zu und wieder auf und reibe sie mir. Aber das ändert nichts: Ich bin in einem Pferdestall, einem riesen-, riesengroßen Pferdestall mit gemauertem Gewölbe. Ich schaue einen endlosen Gang hinunter, von dem auf beiden Seiten jede Menge Boxen abgehen, und kann es nicht glauben. Da öffnet sich gegenüber ein Tor und ein Mann führt ein Pferd herein. Ein unglaublicher Kraftbolzen ist es, so wie die Gäule, die am Oktoberfest die Brauereiwagen ziehen. Schnell verstecke ich mich hinter einer Säule. Als der Mann mit dem Pferd in einer Box verschwunden ist, schleiche ich zum Tor und drücke mich hindurch.

Ich bin im Freien. Im Burghof. Doch wie sieht er aus! Dort drüben ist der Folterturm – aber kein Schild mehr von einem Museum und einem Kiosk. Die Gärten und Wohnungen zwischen Folterturm und Hexenturm sind verschwunden, stattdessen sehe ich nur eine Mauer mit einem Wehrgang, unter dem Holz gestapelt ist. Mir gegenüber steht ein Schuppen oder Stall, der vorhin noch nicht da war, ebenso wenig wie ein großes, flach abfallendes Wasserbecken, in das eben zwei Pferde geführt werden. Es ist der Hof, in dem ich mit meinen Eltern war, und er ist es nicht. Das ist doch nicht möglich!

An der Burgmauer arbeiten Männer in komischer Kleidung. Sie sehen aus wie einem mittelalterlichen Handwerkermarkt entsprungen. Ich glaub, ich spinn.

Ich drehe mich um und schaue den Stall an, aus dem ich herausgekommen bin: ein riesiges Gebäude, bestimmt mehr als hundert Meter lang. Es reicht über die ganze Länge des Hofes. Links dahinter muss eigentlich der Hexenturm stehen, aber ich sehe ihn nicht, das Dach des Stalls ist viel zu hoch. Dort irgendwo habe ich eben noch mit Mama auf der Bank gesessen. Und nun …

Ich will den Gedanken nicht denken. Aber ich muss.

3. Kapitel

Ich stehe hier und kann es einfach nicht begreifen. Trotzdem weiß ich es längst: Ich bin in der Vergangenheit gelandet. Nach Zukunft sieht das hier jedenfalls nicht aus. Eher nach Mittelalter.

Ich trete mit aller Kraft gegen einen Stein und kicke ihn weg.

Meine Füße! Jetzt erst merke ich es. Sie stecken in komischen zerfledderten Lederschuhen, die ich noch nie gesehen habe! Und nicht nur das! Ich habe auch nicht mehr meine Shorts und mein T-Shirt an, sondern so einen blöden hellen Kittel mit einem Strick um die Taille, an dem ein kleiner Beutel hängt. Das ist mir bisher noch gar nicht aufgefallen, so geschockt bin ich. Ich fasse mir an den Kopf: Meine Baseballkappe trage ich auch nicht mehr, sondern einen doofen Hut oder wie man so ein Teil nennen soll.

Mir ist, als könnte ich mich nie wieder vom Fleck rühren. Da sehe ich jemanden den Weg entlanggehen, genau auf mich zu: Es ist Lea! Lea mit Zöpfen, in dem langen grauen Kleid und der dreckigen Schürze.

Lea ist hier. Jetzt ist alles gut.

Vielleicht sind wir ja zusammen in irgendein komisches Spiel geraten und müssen den Ausgang suchen. Doch gemeinsam schaffen wir das schon. Mit Lea schaffe ich alles.

Aber was macht sie da? Sie schleppt in jeder Hand einen Holzeimer, und ich sehe sofort, dass die Dinger viel zu schwer für sie sind.

Ich renne zu ihr, sage: „Lass mich mal!" und nehme sie ihr ab. Puh, haben die ein Gewicht! Sie sind bis obenhin mit Bier gefüllt. Ich gebe mir Mühe, sie so zu tragen, als machte ich das mit links. „Warum plagst du dich mit diesem Zeug ab?", keuche ich. „Gehört das zu dem Spiel?"

Sie schaut mich verständnislos an. „Was für ein Spiel? Meister Lukas hat es mir befohlen", sagt sie. „Aber danke für deine Hilfe! Hast du dich auch an der Schütt zu melden? Ich muss nämlich das Bier auf die Baustelle dort bringen."

„Was denn für eine Schütt?", frage ich, bleibe stehen und setze die Eimer erst mal wieder ab. „Lea, was ist hier los? Hast du eine Ahnung, wieso wir hier gelandet sind? Und wie wir wieder zurückkommen? Und warum tust du, als wäre das alles ganz normal?"

„Normal?", fragt sie und runzelt die Stirn. „Ich verstehe nicht. Ich arbeite diesen Sommer jeden Tag auf der Burg an dem Bauwerk, das Schütt genannt wird.

Und ich heiße auch nicht Lea. So heißt man doch nicht!"

„Ich finde das jetzt nicht mehr witzig", erwidere ich. „Schon verrückt genug, dass wir hierher geraten sind, in so hässlichen Klamotten. Also nimm mich nicht auch noch auf den Arm! Lass uns lieber überlegen, wie wir den Ausgang finden!"

Sie zuckt mit den Schultern. „Du redest wirr! Ich darf meine Arbeit erst am Feierabend verlassen. Wenn dir die Eimer zu schwer sind, dann sage es doch ohne Umschweife!" Sie bückt sich, um sie wieder aufzunehmen. Schnell schnappe ich mir die Holzkübel und trage sie weiter. Mir bleibt fast die Luft weg. Weil die Eimer so schwer sind. Und weil ich es gemein finde, wie Lea sich verhält. Das passt überhaupt nicht zu ihr. Wir halten doch immer zusammen, wir zwei!

Ob meine Eltern auch ins Mittelalter gebeamt worden sind? Aber dann hätten sie mich doch rufen gehört, oder? Außerdem bin ich allein durch die Tür gegangen und gleich hinter mir hat sie sich geschlossen. Und Papa war gar nicht auf dem Aussichtsplatz, an dem alles angefangen hat …

Neben Lea her schleppe ich die Eimer auf das Tor zu. Wir kommen in den Vierten Vorhof. Ich erkenne die kleine Kirche wieder. Das ist die Kapelle, die meine Eltern so toll fanden, obwohl sie alt und etwas vergammelt aussah. Jetzt ist sie funkelnagelneu und noch nicht einmal ganz fertig. Das Dach wird gerade erst gedeckt. Wenn ich meiner Mutter zugehört hätte, wann sie erbaut wurde, wüsste ich jetzt, in welcher Zeit wir genau gestrandet sind, Lea und ich.

Warum verstellt Lea sich? Und warum redet sie auf einmal so geschraubt? *Ohne Umschweife* – das hat sie doch noch nie gesagt!

Hat es etwas mit dem Zeitreisespiel zu tun, in dem wir sind? Oder – ist es gar kein Spiel?

Ich stolpere und falle fast hin.

„Ich heiße übrigens Käthe", sagt Lea. „Und ich bin hier aus der Stadt Burghausen. Mein Vater ist der Schäffler Jakob. Die Holzkübel, die du trägst, hat er gemacht. Eigentlich helfe ich ja meinen Eltern daheim, im Haus und im Laden, im Stall und im Garten. Aber dieses Jahr braucht der Herzog Tagelöhner als Handlanger für die Burgbefestigung, weil der Frondienst der Bauern dafür gar nicht ausreicht. Deshalb hat mich mein Vater hierher auf die Baustelle geschickt. Und wer bist du?"

„Leo", japse ich. Für mehr reicht meine Luft nicht. Lea glaubt wirklich, sie würde hierhergehören, ins Mittelalter, und sie wäre diese Käthe, die Tochter vom Schäffler Jakob!

„Leo?", wiederholt sie in einem Ton, als wäre das der ungewöhnlichste Name, den sie je gehört hat. Fast andächtig fügt sie hinzu: „Bisher kannte ich noch niemanden, der nach dem heiligen Leo heißt!"

Heiliger Leo? Ich glaub, ich werd nicht mehr! Eines weiß ich jetzt: Sie verstellt sich nicht. Sie hat vergessen, wer ich bin. Sie hat sogar vergessen, wer sie selber ist.

Aber es kann doch nicht sein, dass sie in Burghausen eine Familie hat und schon immer in dieser Stadt gelebt hat!

Ich gebe es auf. Ich denke nur noch an den nächsten Schritt, den ich machen muss, und dann wieder den nächsten. Hoffentlich reißen mir nicht die Arme aus. Ich bin Leo der Löwe und Löwen sind stark und mutig und lassen sich nicht so schnell unterkriegen. Nicht von schweren Eimern und nicht von Abenteuern, die sie sich nicht freiwillig ausgesucht haben.

„Es ist sehr gutherzig, dass du mir das Bier trägst", sagt Lea – oder Käthe, wie sie sich hier nennt.

Wir gehen durch einen Torbau und über eine Zugbrücke. Die gab es vorhin auch nicht, genauso wenig wie den breiten Graben, über den sie führt. Jetzt müssten wir im Fünften Vorhof sein, in den ich mit meinen Eltern als Erstes gekommen bin. An seinem Ende liegt der Parkplatz, auf dem unser Auto steht, in meiner Zeit jedenfalls. Vielleicht finde ich dort zurück zu meinen Eltern.

Aber es ist alles so anders als vorhin. Jede Menge Häuser und Schuppen stehen hier, die nicht da waren, als ich mit Mama und Papa hier durchgekommen bin. Und dort, wo sich kaum etwas geregt hat, ist jetzt ein richtiges Gewusel von Menschen und Tieren: Hühner picken herum und Gänse watscheln durch die Gegend, Schafe blöken, Ziegen meckern und Kühe muhen, Pferde werden gebadet, gestriegelt und beschlagen, und überall wird gearbeitet. Ich komme an Werkstätten und Häusern, Scheunen und Ställen vorbei, kämpfe mich Meter um Meter mit den Eimern weiter. Meine Arme werden immer länger.

„Du stammst nicht von hier, oder?“, fragt Lea. „Ich habe dich noch niemals in Burghausen gesehen. Ist dein Vater einer der Bauern aus dem Umland, die Frondienst leisten? Und hilfst du hier für Lohn als Handlanger auf der Baustelle?“

Ich nicke. Wenn ich ihr sage, wohin ich wirklich gehöre und dass wir beide bei uns zu Hause die besten Freunde sind, versteht sie es ja doch nicht. Soll sie mich eben für einen Bauernjungen halten, ist mir gleich.

Frondienst. Ich kenne das Wort nicht, aber es klingt anstrengend und hat bestimmt was mit Arbeit zu tun. Handlanger auch. Ich glaube, ich habe Glück, dass ich nicht wirklich ein Bauernjunge von hier bin. Sommerferien scheinen die Kinder im Mittelalter jedenfalls nicht zu haben.

Wir gehen an einem runden Turm entlang. Er steht mitten im Hof und hat mir mit dem daran angebauten Haus bisher die Sicht genommen. Doch jetzt – ich halte unwillkürlich an. Nach einiger Zeit merke ich, dass ich mit offenem Mund dastehe. Schnell klappe ich ihn zu. Auf diesen Anblick war ich nicht gefasst. Wo wir mit dem Auto ganz ungehindert zur Burg fahren konnten, erhebt sich jetzt eine hohe Mauer mit Türmen und riegelt den Bergrücken ab. Und wo vorhin noch unser Parkplatz war, liegt jetzt innerhalb der Befestigung eine gewaltige Baustelle. Dicke, halbhohe Grundmauern eines Bauwerks, an dem eifrig gearbeitet wird, ziehen sich von der linken Seite des Bergrückens bis zur rechten.

Ich schlucke. Da vorn steht jedenfalls nicht unser Auto. Dort gibt es auch keinen Ausgang aus der Burg und in meine Zeit – nur diesen gigantischen Klotz, der anscheinend Schütt genannt wird. Ein Haufen Menschen schuftet daran, vor allem Männer und große Jungs, aber auch ein paar Frauen und Kinder.

„Danke fürs Tragen", sagt Lea. „Zu Meister Lukas bringe ich die Eimer lieber selber. Wir sehen uns dann!"

4. Kapitel

Wenn doch bloß Mama und Papa den Weg zu mir fänden und mich in unsere Zeit zurückholen könnten! Ich bin so allein. Lea ist zwar hier, aber trotzdem. Sie weiß ja nicht, wer ich bin. Sie weiß nicht einmal, wer sie selber ist.

Es will mir nicht in den Kopf, dass sie sich nicht daran erinnert, wer sie wirklich ist. Das ist doch nicht logisch. Ich habe ja schließlich auch begriffen, dass ich in die Vergangenheit geraten bin, selbst wenn mir nicht klar ist, wie es passiert ist. Aber immerhin weiß ich noch, wer ich bin und wo ich herkomme.

Nur sie, sie weiß es nicht. Sie glaubt, sie wäre diese Käthe und würde hierher gehören und ihr Vater wäre ein Schäffler. Keine Ahnung, was das genau ist, offensichtlich ein Handwerker, der Holzkübel und solche Sachen herstellt. Dabei ist ihr Vater in Wirklichkeit Filialleiter bei der Sparkasse, und als wir ihn mal gebeten haben, dass er uns hilft, ein Baumhaus zu bauen, hat er gesagt, so was könne er leider nicht, er habe zwei linke Hände.

Allmählich frage ich mich, ob ich mich vielleicht täusche und Lea gar nicht Lea ist, sondern ihr einfach nur sehr ähnlich sieht. Aber das kann nicht sein. Sie sieht nicht nur aus wie Lea, sie hat auch die gleiche Stimme und das gleiche Lachen und die gleiche Art, sich eine Strähne aus dem Gesicht zu pusten.

„Was stehst du hier herum und hältst Maulaffen feil?", fährt mich ein Mann an. „Wenn Meister Lukas sieht, was für einen faulen Lenz du dir hier machst, zieht er dir die Ohren lang! Hurtig, ran an die Arbeit!" Er drückt mir eine Schaufel und einen Holzeimer in die Hand und weist auf den großen Erdhaufen, der eben von einem Ochsenkarren auf den Platz gekippt wird. Ein paar Jungen und Mädchen machen sich daran, die Erde in Eimer zu schaufeln.

Kinderarbeit! So etwas gehört sich nicht. Diese Arbeit ist viel zu schwer für Kinder und auf Dauer bestimmt schlecht für die Knochen und die Entwicklung und so. Ich bin jedenfalls nicht dazu verpflichtet, da mitzuschuften. Meine Arbeit besteht in solchen Sachen wie Matheaufgaben lösen, Müll runterbringen und mein Zimmer aufräumen. Und überhaupt habe ich jetzt Ferien. Ich könnte einfach gehen.

Aber wo soll ich hin? Ich habe keine Ahnung, wie ich zu Mama und Papa finde. Da möchte ich wenigstens bei Lea bleiben. Sie ist doch der einzige Mensch, den ich hier kenne, auch wenn sie es selber nicht einmal weiß.

Aber nett ist sie trotzdem. Wie Lea eben ist. Und ohne sie …

Sie arbeitet an dem Erdhaufen.

Ich schaue, dass ich einen Platz an ihrer Seite ergattere, und mache alles so wie sie. Sie schippt ganz schön schnell. Schon ist ihr Eimer voll. Sie nimmt ihn auf und trägt ihn zu der Baustelle. Ich beeile mich, ihr nachzukommen. Sie stellt ihren Eimer bei einem Mann ab, der eine Seilwinde bedient, mit der die Eimer in die Höhe gezogen werden. Dann nimmt sie einen leeren und läuft zurück. Ich hinterher.

Ich dachte, ich könnte mich mit ihr unterhalten, aber ich bin voll damit beschäftigt, mit ihr Schritt zu halten. Schaufeln, schleppen, zurückgehen, schaufeln, schleppen, zurückgehen – ewig so weiter. Zum Glück sind diese Eimer hier nicht so groß wie die Biereimer. Aber mit Erde gefüllt finde ich meinen immer noch schwer genug.

Die anderen Kinder schaffen das, als wäre es nichts, und haben noch Kraft übrig, sich zu unterhalten und Witze zu machen. Vor allem ein größerer Junge tut sich mit blöden Faxen hervor. Er balanciert seinen vollen Eimer auf dem Kopf, stolpert absichtlich und tut so, als würde er hinfallen. Im letzten Moment, bevor der Eimer ihm vom Kopf rutscht, fängt er ihn auf. Lea kriegt sich darüber vor Lachen kaum ein. So ein Affe, dieser Kerl!

Dann gibt es einen Stau an der Seilwinde. Der Mann kommt mit dem Hochziehen der vollen Eimer nicht nach und wir müssen warten, bis wieder leere unten ankommen. Ich bin ganz schön froh darüber.

Ich schiebe mich neben Lea, oder meinetwegen auch Käthe. Aber sie sieht mich nicht. Sie redet mit diesem Affen, der vor ihr steht, und sagt gerade: „Bis das ganze

Erdgeschoss der Schütt aufgefüllt ist, haben wir noch lange zu schaufeln."

Er grinst. „Mir soll es recht sein. Da kann ich was verdienen. Und das Essen ist ausnehmend gut. Es gibt schön viel fettes Fleisch in der Suppe."

Käthe-Lea nickt und lächelt ihn an. „Das kannst du …", beginnt sie.

„Echt? Das ganze Erdgeschoss von dem Haus soll zugeschüttet werden?", dränge ich mich dazwischen. „Warum denn das?"

Der Junge sieht mich an, als wäre ich der letzte Trottel. „Was bist denn du für ein Narr?! Du bist wohl frisch einer Köhlerhütte im tiefsten Wald entsprungen! Hast du noch nie von Kanonen gehört, die die stärksten Mauern zum Einsturz bringen können? Aber dieses Bauwerk hier, wenn es mit Erde vollgefüllt ist, hält stand. Da können die Türken ruhig kommen!"

„Jesus, Maria und Josef!", murmelt Käthe und bekreuzigt sich hastig. „Sprich nicht von der Türkengefahr! Man soll es nicht beschreien!"

Türkengefahr? Gerade rechtzeitig kann ich mir noch auf die Zunge beißen, damit ich nicht frage, was das soll. Vor Türken hab ich keine Angst. Mein Onkel, der Mann von Mamas Schwester, ist Türke. Der ist sehr nett und seine ganze Familie auch. Und Kemal in meiner Klasse ist zwar manchmal ein Angeber, aber gefährlich ist er nicht. Doch dann fällt mir ein, dass in meinem Ritterbuch eine Seite überschrieben ist mit *Die Türken vor Wien*. Irgendwie ging es da um einen Krieg, die Türken hatten halb Europa erobert. Aber leider habe ich mir nicht alles gemerkt und deshalb weiß ich nicht, wann das war und ob die Türken noch weiter gekommen sind als bis Wien.

„Keine Angst, Käthe!“, sagt der Junge und legt ihr die Hand auf die Schulter.

Der soll seine dreckigen Pfoten da wegtun!

„Unser gnädiger Herzog baut seine Burg so mächtig aus, dass sie uneinnehmbar wird“, gibt der Kerl an, als wäre das sein eigenes Verdienst. „Und wenn die Türken kommen, finden wir hier alle Schutz in den Vorhöfen, da kann uns kein Unheil ereilen.“ Endlich nimmt er einen leeren Eimer in Empfang und geht zum Erdhaufen zurück.

Jetzt könnte ich mit Lea, das heißt mit Käthe, reden. Aber leider fällt mir so schnell nichts ein. Und dann ist sie schon wieder weg.

Wie mache ich ihr nur klar, dass sie mit mir in unsere Zeit kommen muss, wenn sie doch glaubt, sie würde hierher gehören? Und wie soll ich den Rückweg finden, ganz allein auf mich gestellt? Der Schweiß rinnt mir den Rücken hinunter.

Fast bin ich froh, als ich auch wieder weiterschaufeln muss. Wenn man hart arbeitet, muss man nicht so viel denken. Ich schippe, bis in meinem Kopf kein einziger

Gedanke mehr ist. Da höre ich eine Kirchenglocke unten in der Stadt läuten. Kurz darauf ruft der Mann, der mit Meister Lukas angeredet wird, laut: „Feierabend!"

Plötzlich merke ich, wie fertig ich bin. Wie hungrig und durstig. Und mir fällt ein, dass jetzt bald Nacht ist und ich nicht weiß, was überhaupt aus mir wird. Ich bin zu kaputt, um mich aufrechtzuhalten, und lasse mich mitten in den Erdhaufen fallen.

Käthe rennt mit den anderen Kindern davon, auf den runden Turm mitten im Hof zu und verschwindet dahinter. Nach mir schaut sie sich nicht einmal um. Als hätten wir uns nicht versprochen, immer zusammenzuhalten, Lea und ich.

Aber sie ist ja nicht Lea. Sie ist ja nur Käthe.

5. Kapitel

Ich liege immer noch in dem Erdhaufen, aber langsam erhole ich mich. Und plötzlich ist mir ganz klar: Ich muss dahin zurück, wo alles angefangen hat – zum Aussichtsplatz am Hexenturm. Dort bin ich durch die Pforte gegangen und wollte in den Burghof. Doch auf einmal war ich in dem Pferdestall und die Tür war verschwunden. Aber vielleicht habe ich nur nicht richtig gesucht und sie ist doch noch dort. Dann muss ich einfach hindurchgehen und schon bin ich wieder in der Zeit, in die ich gehöre. Und wenn ich erst einmal herausgefunden habe, wie man zwischen den Zeiten wechseln kann, komme ich hierher zurück, um Käthe zu überreden, mit mir durch die Tür zu gehen. Dann wird sie wieder Lea und alles ist gut.

Ich springe auf und renne los, renne durch den ganzen Fünften Vorhof. Zu meiner rechten Seite färbt sich der Himmel schon rot. Ich muss mich beeilen. Bald wird es Nacht.

Ich laufe an dem runden Turm vorbei. Auf Bänken und am Boden, überall sitzen Leute, Männer und Frauen,

Jungen und Mädchen. Jeder hat eine Holzschüssel in der Hand, löffelt eine Suppe und isst Brot dazu. Käthe sehe ich nicht. Nachher suche ich sie. Jetzt muss ich erst einmal den Weg zurück finden.

Ich gelange an die Zugbrücke. Zum Glück steht das Tor zum Vierten Vorhof offen. So schnell ich kann, durchquere ich ihn. Dann das nächste Tor. Rechts der Folterturm. Und links …

Nein, hier gibt es keine Pforte, durch die man nach draußen auf den Aussichtsplatz kommt. Der riesige Pferdestall ist genau an die Mauer gebaut, die den Dritten Vorhof vom Vierten trennt, ohne den geringsten Spalt dazwischen. Der Zugang kann nur im Stall liegen.

Ich sehe mich nach allen Seiten um, ob mich jemand beobachtet, dann drücke ich mich durch die halb geöffnete Stalltür. Ich bleibe stehen, schleiche durch den Gang, finde die kleine Treppe, die ich heute Nachmittag heraufgekommen bin, und steige die Stufen hinunter. Ich warte, bis sich meine Augen an das Dämmerlicht gewöhnt haben. Dann taste ich die Wand ab. Irgendetwas muss hier doch sein: ein Griff, ein kleiner Hebel, ein loser Stein, eine Ritze. Irgendetwas, was einen Mechanismus verbirgt, mit dem man eine Geheimtür öffnen kann – einen Notausgang in die Stadt zum Beispiel. In Burgen gibt es so etwas, davon habe ich schon öfter gehört. Und wenn ich die Tür gefunden habe, dann komme ich auch wieder heim. Bestimmt!

Ich taste jeden Millimeter ab. Ich klopfe mir die Knöchel wund und horche, ob es irgendwo hohl klingt. Nur Steinquader, sonst nichts. Es gibt keine Tür. Es gibt keinen Weg nach Hause.

„Was hast du hier zu schaffen?“, blafft mich eine Stimme an.

Ich zucke zusammen. Ein Mann steht hinter mir, ich kann sein Gesicht nicht sehen, aber ich merke auch so, dass er böse ist. Er packt mich am Ohr und zieht mich daran die Treppe hinauf. Mein Ohr brennt. Er zerrt mich hinter sich her bis in den Burghof. „Zu wem gehörst du?“, fragt er drohend.

„Ich“, kaum bringe ich einen Ton heraus, Tränen schießen mir in die Augen, mein Ohr tut weh wie verrückt. Ich will nicht heulen, bloß das nicht! „Ich, äh – zu … zu Meister Lukas“, stottere ich, weil mir nichts anderes einfällt.

„So!“ Er zieht mich noch einmal am Ohr. „Und warum treibst du dich dann hier herum?“

„Ich, ich hab ja nur gesucht, ob es hier einen Ausgang gibt …“

„Einen Ausgang? Durch die Burgmauer? Das schlägt dem Fass den Boden aus! Das weiß doch jeder, dass es hier keinen Ausgang gibt! Du wolltest dich verstecken, bis die Pferdeknechte alle beim Essen sind und die Luft rein ist. Dann wolltest du dich über die Hafervorräte hermachen, die im ersten Stock lagern. Gib es zu! Du wolltest einen Sack Getreide stehlen. Weißt du nicht, was Dieben blüht? Mit denen macht man kurzen Prozess!“

Er vollführt mit der Hand eine Bewegung, als würde er sich eine Schlinge um den Hals legen und sie hinten zuziehen.

Jetzt kommen mir doch die Tränen. „Bitte“, stammle ich, „bitte, nein, so ist das nicht, ich … ich wollte ja nur heim!“

„Heim!“ Er lässt mich endlich los und tritt einen Schritt zurück. Aber wie er so vor mir steht mit seinen breiten Schultern und starken Armen, da ist mir klar, dass Weglaufen zwecklos wäre und bestimmt das Dümmste, was ich tun könnte. „Wer ist dein Vater?“

Ich kann ihm nicht die Wahrheit sagen, unmöglich. Das glaubt er mir nie. Was soll ich nur tun?

„Der Schäffler Jakob aus Burghausen“, bringe ich heraus. Es ist das Einzige, was mir einfällt.

„Sieh mal einer an! Jakob aus der Zunft der Schäffler! Wer hätte gedacht, dass der so einen missratenen Sohn hat!“ Er grinst hinterhältig und streicht sich über das Kinn. Ich höre seine Bartstoppeln kratzen. „Jetzt spitz mal die Ohren, Bursche! Sieh zu, dass du nach Hause kommst! Dann gestehst du deinem Vater, was du hier verbrochen hast. Richte ihm aus, ich will mich noch einmal großmütig erweisen und dich nicht dem Gesetz überantworten, wie ich es als Aufseher über die herzoglichen Hafervorräte von Amts wegen tun müsste. Aber meine Nachsicht wird ihn einiges kosten. Du sagst ihm, ich könnte ein Fass gebrauchen und eine schöne große Bierkanne mit Deckel und meine Frau ein ordentliches Schaff für die Wäsche. Ich hole mir alles am Samstagabend bei ihm ab. Kostenlos, versteht sich. Sonst zeige ich seinen sauberen Sohn beim Amtmann an. Und dann wird dir der Prozess gemacht!“

„Aber bitte ...“, mein Mund ist so trocken, dass ich kaum einen Ton herausbringe, „bitte, das geht doch nicht ...“ Ich stottere herum, endlich fällt mir die Rettung ein: Kinder unter vierzehn Jahren darf man nicht verurteilen und nicht verhaften, das kam mal in einem Fernsehfilm vor. Also sage ich schnell: „Ich bin doch gerade erst elf geworden!"

„Elf? Das hättest du wohl gern, dich möglichst jung machen, damit du nur ein verringertes Strafmaß erhältst, was? Elf! So groß, wie du gewachsen bist, nimmt dir das der Amtmann gewiss nicht ab! Wenn ich dich anzeige, trifft dich die ganze Härte des Gesetzes. Das hättest du dir früher überlegen müssen!"

Mir werden die Knie so weich, dass ich fürchte, ich falle gleich um. Ich kann ja nicht beweisen, dass ich erst elf bin. Und außerdem – *verringertes Strafmaß* klingt auch nicht gerade gut.

„Scher dich davon, bevor ich mich eines Besseren besinne!", herrscht der Mann mich an und gibt mir einen Stoß. „Und vergiss nicht – in drei Tagen, am Samstag!"

Da renne ich los, renne durch das Tor, renne durch den Vierten Vorhof, über die Zugbrücke und durch den Fünften Vorhof. Die Leute, die vorhin hier gegessen haben, sind weg, aber dort vorn verschwinden gerade ein paar Kinder hinter dem Brunnenhaus. Ich laufe hinterher, am runden Turm entlang, aber sie sind nicht mehr da. Ich kann nicht mehr. Keuchend bleibe ich stehen und halte mich an einem Zaun fest. Ich zittere am ganzen Körper. Wie komme ich aus dieser Geschichte je wieder raus?

Obwohl – erst einmal habe ich ja drei Tage Zeit! Und dann darf ich mich von ihm nur nicht noch einmal erwischen lassen. Aber in drei Tagen bin ich doch bestimmt schon wieder daheim! Etwas anderes mag ich mir gar nicht vorstellen …

Von fern höre ich einen Mann etwas rufen, mehrmals hintereinander. Endlich begreife ich: Das Burgtor wird geschlossen. Nichts wie weg aus der Burg! Auf keinen Fall will ich heute diesem Kerl noch einmal über den Weg laufen …

Wo ist überhaupt ein Tor, das aus der Burg führt?

Dort, wo ich heute Nachmittag mit meinen Eltern in die Burg spaziert bin, ist jetzt die Schütt, dieser Klotz, an dem wir gearbeitet haben. Dahinter erhebt sich die hohe Mauer. Ich schaue von rechts nach links und wieder zurück: In dieser Mauer gibt es kein Tor, auch nicht den kleinsten Durchlass. Dunkel erinnere ich mich, dass es irgendwo an der Seite des Vorhofs einen Torbogen gab, unter dem Papa unbedingt Mama und mich fotografieren wollte. Ich habe auf dem Foto hinter Mamas Kopf mit zwei Fingern Hasenohren gemacht und er hat mich deswegen angemotzt.

Wie gern würde ich mich jetzt von ihm fotografieren lassen! Und es würde mir überhaupt nichts ausmachen, wenn Mama aus dem Reiseführer vorlesen würde.

Ach, Mama! Papa!

6. Kapitel

Endlich finde ich das Tor. Ich durchquere es und gelange in eine schmale Gasse, die zwischen sehr hohen Mauern links zu einem oberen und rechts zu einem unteren Tor führt. Auf dieses steuere ich zu und lande auf einem Weg in die Stadt hinunter.

Ich habe keine Ahnung, was ich jetzt machen soll, ganz allein. Es wird schon dunkel.

In der Stadt angekommen erreiche ich einen langgezogenen Platz. Auch wenn die Häuser jetzt anders aussehen – das muss der Stadtplatz sein, auf dem ich mit meinen Eltern war, bevor wir zur Burg gefahren sind. Heute Mittag erst. In meinem wirklichen Leben.

Ratlos bleibe ich stehen. Da entdecke ich eine Gruppe Mädchen an einem Brunnen. Sollte etwa …?

Fast von allein setze ich mich wieder in Bewegung. Die Gruppe löst sich auf. Als ich den Brunnen erreiche, sind alle Mädchen weg. Eines mit blonden Zöpfen biegt gerade in die Gasse ein. Käthe! Ich laufe ihr nach. Aber ich bin zu spät, ich sehe nur noch, wie sie in einem Haus verschwindet. Die Tür fällt hinter ihr zu.

Ich gehe auf das Haus zu. Über dem Eingang hängt ein kleiner Holzeimer an einem Haken. Daneben ist eine große Fensteröffnung, die mit einem Holzladen verschlossen ist. Vorsichtig drücke ich gegen die Tür. Sie ist abgeschlossen. Soll ich klopfen? Aber was mache ich, wenn Käthes Vater öffnet, der Schäffler Jakob? Und wenn er erfährt, dass ich behauptet habe, ich sei sein Sohn, und dass ich angeblich Hafer stehlen wollte? Und dass dieser widerliche Aufseher aus der Burg ihn meinetwegen erpressen will? Aber jetzt kann Käthes Vater ja davon noch nichts wissen …

Ich setze mich auf die Schwelle vor der Haustür. Überlege. Der Beutel fällt mir ein, der an dem Strick um meine Taille hängt. Ich schaue nach, was darin ist, finde ein kleines Messer in einer Lederhülle und ein Stückchen trockenes Brot. Das stopfe ich mir gleich in den Mund, aber satt werde ich davon nicht.

Wie soll ich bloß die Nacht überstehen? Mir fällt nichts ein. Inzwischen ist es dunkel.

Da sehe ich vom Stadtplatz her einen Mann mit Laterne kommen. Er hat einen Helm auf dem Kopf und hält in der anderen Hand einen seltsamen, großen Spieß. Anscheinend ein Nachtwächter. „Sperrstunde!", ruft er laut. „Sperrstunde!"

Ich weiß nicht genau, was eine Sperrstunde ist, aber jedenfalls hört sich das so an, als dürfte ich nicht hier auf der Schwelle sitzen. Ich schaue mich nach einem

Versteck um. Das Nachbarhaus ist nicht ganz an das von Käthes Familie angebaut, zwischen den beiden Häusern bleibt ein schmaler, finsterer Spalt. Ich drücke mich hinein.

Hier stinkt es widerlich. Schnell halte ich die Luft an. Der Nachtwächter geht vorbei, ohne mich zu sehen.

Endlich ist er am Ende der Gasse verschwunden. Ich trete eben aus dem stinkenden Spalt hervor, da wird über mir in Käthes Haus ein Fenster geöffnet. Ein schwacher Lichtschein fällt heraus, und dann fällt noch etwas. Gerade noch rechtzeitig springe ich zur Seite. Dicht vor meinen Füßen platscht es auf. Und obwohl es dunkel ist, weiß ich genau, was das war. Mich würgt es.

Da höre ich über mir Leas Stimme: „Ist da jemand?"

Ich schaue in die Höhe und sehe genau in ihr Gesicht. Sie hat einen Leuchter in der Hand und beugt sich aus dem Fenster im ersten Stock. Lea! Das heißt natürlich: Käthe.

„Käthe!“, rufe ich leise. „Käthe, ich bin's, Leo! Ich brauche deine Hilfe!“

Sie stößt einen kleinen Schrei aus.

„Was ist los?“, höre ich aus dem Zimmer eine Männerstimme.

„Nichts, Vater!“, erwidert Käthe schnell. „Ich hätte nur beinahe den Nachttopf fallen lassen!“

„Ein Glück, dass es nur beinahe war“, antwortet die Stimme.

Das Fenster wird wieder geschlossen.

Ich warte. Jetzt muss Käthe doch kommen und die Haustür öffnen und fragen, was mit mir ist. Aber sie kommt nicht. Ich warte und warte. Und höre auf zu warten. Zweimal noch muss ich mich vor dem Wächter in dem stinkenden Spalt verstecken. Mama, Papa, was soll ich nur tun?

Da höre ich etwas. Ein Knacken und dann ein Knarren. Ich spähe vorsichtig um die Ecke und sehe, wie sich die Haustür langsam etwas öffnet und Käthe herausschaut, den Leuchter in der Hand.

„Leo?“, höre ich sie flüstern.

„Hier bin ich!“, antworte ich und trete vor die Tür.

„Warum bist du nicht auf der Burg?“, flüstert sie. „Hast du dort keinen Schlafplatz?“

„Nein. Das ging nicht. Und jetzt weiß ich nicht, wohin. Und da läuft doch dauernd so ein Nachtwächter durch die Straßen …“

„Komm rein! Aber leise! Es darf dich niemand hören!“ Sie fasst mich am Ärmel, zieht mich durch die Tür, schließt sie vorsichtig hinter sich und schiebt mich durch eine weitere Tür.

Ich bin nicht mehr allein! Vor Erleichterung bekomme ich ganz weiche Knie. Ich sehe mich um. Im flackernden Licht erkenne ich eine Werkstatt.

„Wenn mein Vater merkt, dass ich nachts einen Fremden ins Haus lasse, bekomme ich Schläge“, flüstert Käthe. „Also pass auf, dass du nirgendwo anstößt und kein Geräusch machst! Dort hinter dem Fass kannst du auf der Bank schlafen. Aber morgen früh musst du weg sein, ehe der Lehrling in die Werkstatt kommt und alles herrichtet. Ich wecke dich beizeiten. Ich erwache immer, wenn unser Hahn zum ersten Mal kräht.“

„Danke, Käthe“, gebe ich leise zurück. „Danke, dass du mir hilfst.“

„Ich weiß auch nicht, warum ich das tue. Ich kann einfach nicht anders. Aber jetzt muss ich nach oben gehen, bevor meine Eltern etwas merken. Ich leuchte dir noch, damit du zur Bank findest. Da an der Wand hängt ein Sack, mit dem kannst du dich zudecken. Und denke daran: keinen Ton!“ Damit dreht sie sich um und schleicht sich davon.

Ich ziehe meine Schuhe aus und lege mich auf die Bank. Ich bin gerettet. Für diese Nacht jedenfalls.

Aber wie soll es morgen weitergehen?

Es ist hart auf der Bank. Ich kriege bestimmt blaue Flecken am Rücken. Ich drehe mich auf die Seite. So ist es noch härter. Der Sack, mit dem ich mich zugedeckt habe, kratzt. Richtig wärmen tut er auch nicht.

Ich habe Durst. Und Hunger. Und eigentlich müsste ich dringend mal pinkeln. Ich wälze mich auf die andere Seite. Da ist es auch nicht bequemer.

Ich liege im Stockfinstern und kann nicht schlafen und die Nacht geht und geht nicht vorbei.

Ich habe immer noch keine Ahnung, wo und wie ich den Weg zurück in meine Zeit finden kann. In dem Pferdestall gibt es jedenfalls die Tür nicht mehr, durch die ich ins Mittelalter gelangt bin.

Hat Mama eigentlich gesehen, dass sich die Wand hinter mir geschlossen hat? Oder ist für sie alles ganz normal geblieben? Glauben meine Eltern etwa, ich wäre weggelaufen, und ahnen nicht, dass ich noch immer hier in Burghausen bin, nur nicht in ihrer Zeit …

Aber falls sie doch etwas von meiner Zeitreise mitbekommen haben und es irgendwie schaffen, hierher zu gelangen, dann werden sie mich als Erstes in der Burg suchen. Überhaupt muss die Lösung für meinen Rückweg irgendwie in der Burg liegen, denn dort hat alles angefangen. Ich muss auf jeden Fall zurück in die Burg!

Und dem Aufseher gehe ich aus dem Weg …

Soll ich mit Käthe wieder auf der Baustelle arbeiten? Wie es aussieht, bekommen die Arbeiter dort zu essen.

Ich brauche dringend was in meinen Magen. Außerdem will ich mit Käthe zusammenbleiben. Sie ist doch der einzige Mensch hier, an den ich mich halten kann.

Die Sache mit Käthe ist seltsam. Das Gespräch, das ich mitgehört habe, als sie den Nachttopf aus dem Fenster geleert hat ... Sie gehört wirklich hierher in dieses Haus und der Schäffler Jakob ist ihr Vater, da gibt es nichts dran zu rütteln. Sie kann nicht Lea sein.

Aber wie ist es möglich, dass sich zwei Mädchen, die im Abstand von Jahrhunderten geboren wurden, bis in die kleinste Kleinigkeit ähnlich sind? Vielleicht war Käthe die Ur-Ur-Ur-...-Urgroßmutter von Lea?

Ach, Lea! Wenn ich dir das alles erzähle, wirst du Augen machen!

Ich drehe mich wieder auf den Rücken. Ich stelle mir vor, ich läge in meinem gemütlichen Bett daheim und Mama käme herein und würde mir gute Nacht sagen. Sie setzt sich auf meine Bettkante und nimmt meine Hand und sagt: Keine Angst, Leo, es wird alles gut, alles gut ...

7. Kapitel

„Leo, wach auf! Leo!“ Mama rüttelt mich an der Schulter.

„Muss ich schon wieder in die Schule?“, murmle ich und reibe mir die Augen, blinzle. Im Dämmerlicht sehe ich jemanden, der sich über mich beugt – aber dieser Jemand ist nicht Mama.

Käthe! Auf einmal fällt mir alles wieder ein. Ich stehe auf. Hab ich einen Muskelkater!

„Du musst fort“, flüstert sie. „Ich gehe jetzt zum Brunnen Wasser schöpfen. Da schleichst du dich hinter mir aus dem Haus. Aber leise! Und halte dich die ersten Schritte auf der Gasse dicht an der Hauswand, damit man dich von oben aus unseren Fenstern nicht sehen kann. Hier, trink!“ Sie drückt mir einen Becher in die Hand.

Ich trinke gierig, trinke in einem Zug den ganzen Becher leer. Es ist lauwarme Milch. Aber irgendwie schmeckt sie anders. „Was war das?“, frage ich und wische mir den Mund ab.

„Du stellst Fragen! Ziegenmilch natürlich, die habe ich gerade gemolken“, antwortet sie. „Jetzt komm!“

Ich habe bisher noch nie Ziegenmilch getrunken, schon gar keine frisch gemolkene – lauwarm, wie sie aus dem Euter kommt. Mich schaudert ein bisschen. Aber seit sie in meinem Magen ist, fühle ich mich gleich besser.

Komisch, dass die Leute hier mitten in der Stadt Ziegen halten.

Auf Zehenspitzen gelingt es mir, unbemerkt aus dem Haus zu kommen. Draußen atme ich auf. Das hätte ich lieber bleiben lassen. Die Gasse stinkt. Ich laufe Slalom um Dreckhaufen und denke lieber nicht darüber nach, was das für Haufen sind.

„Wie ist das eigentlich: Kommt man einfach so rein in die Burg, am Tor?", frage ich, während ich mit Käthe die Gasse entlanggehe.

Käthe bleibt stehen und sieht mich verwundert an. „Wieso fragst du? Du warst doch gestern auch in der Burg. Da musst du schließlich wissen, dass morgens die Meister am Tor stehen und die Handlanger und Handwerker zählen und überprüfen, ob sie zu ihrer Gruppe gehören!"

Ich kann nicht zurück in die Burg! Was soll ich denn jetzt machen?

„Du bist doch bei Meister Lukas gemeldet?", fragt Käthe.

Ich schüttle den Kopf.

„Und wie bist du dann gestern reingekommen?"

„Das kann ich dir jetzt so auf die Schnelle nicht erklären“, murmle ich. Und dann füge ich schnell hinzu: „Aber ich hab Hunger.“

Käthe stöhnt auf und schüttelt den Kopf. „Das gibt es doch nicht! Keinen Schlafplatz, keinen Arbeitsplatz und nichts zu essen! Und weil du nicht von hier bist, kannst du nicht einmal zum Spital, wo jeden Morgen die Armen der Stadt etwas Brot und Almosen bekommen, damit sie für das Seelenheil der Stifter beten.“ Sie runzelt die Stirn und denkt offensichtlich nach. Dann holt sie tief Luft und erklärt sehr bestimmt: „Wenn du begehrst, dass ich dir helfe, dann sagst du mir jetzt endlich, wer du wirklich bist und woher du kommst und was du hier willst!“

„Ich will einfach nur nach Hause“, sage ich. „Aber ich weiß nicht, wie ich das schaffen kann. Weil ich auch nicht weiß, warum ich hier gelandet bin.“ Ich stocke.

Ich habe das unbestimmte Gefühl, dass es keine gute Idee ist, Käthe alles zu sagen. Aber was soll ich sonst tun? Und immerhin hat sie mir geholfen und mich in ihrem Haus versteckt. Da hat sie doch ein Recht darauf, die Wahrheit zu erfahren.

Also erkläre ich ihr: „Ich habe gestern mit meinen Eltern die Burg besichtigt, aber da sah sie ganz anders aus als jetzt. Am Hexenturm, wo nun der große Pferdestall ist, gab es eine Tür nach draußen zu einem Aussichtspunkt. Da war ich mit meiner Mama und plötzlich hab ich dich gesehen und hab gedacht, du bist Lea, meine Freundin. Ich bin dir gefolgt und dann war ich auf einmal hier, im Mittelalter. Ich komme nämlich aus einer anderen Zeit, irgendwie ein paar Jahrhunderte nach jetzt. Und ich glaube, um wieder heimzukommen, muss ich auf jeden Fall in die Burg."

Käthe schaut mich groß an, dann fängt sie laut an zu lachen. „Was für eine Geschichte! Damit könntest du auf dem Jahrmarkt auftreten! Hast du noch mehr solche Späße auf Lager?"

Sie glaubt mir nicht. Ich würde so was ja auch nicht glauben.

Käthe runzelt die Stirn. „Du willst es mir nicht sagen, oder? Heißt das –", sie stockt. Dann setzt sie neu an: „Heißt das, du bist weggelaufen? Lebst du wohl gar nicht mehr zu Hause, sondern hast dich bei einem Bauern verdingt – und dort hast du dich jetzt einfach davongemacht?"

Ich zucke mit den Schultern. Was soll ich auch anderes tun?

„Jesus, Maria und Josef!" Käthe bekreuzigt sich. Dann fragt sie leise: „Und deine Eltern?"

Ich schüttle nur den Kopf.

„Jesus, Maria und Josef!", wiederholt Käthe. „Bist du ganz allein?"

Diesmal nicke ich. Es stimmt ja. Der Blick, mit dem Käthe mich jetzt ansieht, tut gut.

Inzwischen sind wir am Brunnen angekommen. Käthe zieht einen Eimer Wasser herauf. „Hör zu“, sagt sie dann, „ich werde heute Meister Lukas bitten, dich ab morgen auf der Burgbaustelle anzustellen.“

„Danke.“ Schweigend gehen wir zurück.

Endlich fährt sie fort: „Heute Abend lasse ich dich noch einmal in die Werkstatt. Ab morgen kannst du dann in der Burg schlafen, wenn Meister Lukas es erlaubt. Hoffentlich fragt er nicht, wo du herkommst!“

Auf Käthe ist Verlass. Wie auf Lea.

Am liebsten würde ich ihre Hand nehmen, so froh bin ich auf einmal. Aber ich traue mich nicht. Wir kennen uns ja noch nicht lang. Auch wenn ich das Gefühl habe, sie schon ewig zu kennen.

„Jetzt muss ich mich beeilen“, erklärt Käthe vor ihrer Tür. „Ich muss mich für den Kirchgang herrichten.“ Damit verschwindet sie im Haus.

Morgen gehe ich auf die Burg. Morgen komme ich heim. Und heute, den einen Tag hier allein, das schaffe ich schon. Hauptsache, ich habe einen Platz für die Nacht.

Langsam wird es hell. Die Glocken läuten. Bisher waren nicht viele Menschen draußen, aber plötzlich füllt sich die Gasse. Männer und Frauen, Jungen und Mädchen strömen bergan auf die Kirche zu. Zwischen ihnen wuseln barfüßige Kinder in abgerissener Kleidung herum und betteln jammernd um „milde Gaben“.

Dann sehe ich Käthe. Schön sieht sie aus. Sie hat ein sauberes Gesicht, frisch geflochtene Zöpfe und die dreckige Schürze hat sie auch nicht mehr um.

Ich folge ihr. So lande ich im Pulk der anderen vor der Kirche. Aber ich gehe nicht mit hinein. Ich habe Angst, dass ich was falsch mache und dumm auffalle. Weil ich ja evangelisch bin, und das gab es im Mittelalter noch gar nicht. Deshalb kann ich bestimmt die Lieder nicht und weiß nicht, was man alles so machen muss …

Heute ist doch gar nicht Sonntag! Gehen die Leute hier denn jeden Morgen vor der Arbeit in die Kirche?

Ich setze mich auf eine Stufe und warte. Es dauert nicht lang, dann ist der Gottesdienst schon wieder aus. Käthe kommt mit einer ganzen Gruppe Mädchen heraus. Sie tuscheln und kichern miteinander.

Ich warte, bis sie sich getrennt haben, und schlendere unauffällig hinter Käthe her. Genau vor ihrem Haus hole ich sie ein. „Ich weiß wirklich nicht, was ich ohne dich täte!", sage ich.

Sie dreht sich um und sieht mich an. Wie sie lächelt – genauso wie Lea.

Dann schließt sich die Tür hinter ihr.

8. Kapitel

Der Stadtplatz hat sich völlig verändert. Heute scheint Markt zu sein. Frauen und Männer schleppen hohe Rückentragen heran, mehrere zweirädrige Karren rumpeln an mir vorbei. Statt von Pferden werden die meisten von Menschen gezogen. Das sieht ganz schön anstrengend aus. Die alte Frau, die mit ihrem Karren eben an mir vorbeikommt, schaut jedenfalls ziemlich erschöpft aus. Sie hat ihren Wagen beladen mit allem möglichen Gemüse, Holzkäfigen voll aufgeregt gackernder Hühner und einem großen Korb Sommeräpfel, die hoch aufgetürmt sind. Als sie durch ein Schlagloch fährt, hüpft der oberste Apfel herunter und rollt mir genau vor die Füße. Automatisch bücke ich mich danach. Er ist knackig und frisch. Das Wasser läuft mir im Mund zusammen. Ich hab so einen Hunger! Aber plötzlich muss ich an den Mann vom Pferdestall denken: *Mit Dieben macht man kurzen Prozess.* Vielleicht darf man hier nicht einmal einen Apfel von der Straße aufheben. Also sage ich zu der alten Frau: „Der Apfel ist runtergefallen!"

Sie sieht mich an und lächelt freundlich. „Wenn du mir hilfst, die Körbe vom Karren zu heben, darfst du ihn behalten."

Ehe ich etwas antworten kann, legt sich mir eine schwere Hand auf die Schulter. „So, Bursche! Du hast einen Apfel gestohlen, ich habe es genau gesehen. Du kommst jetzt mit mir zum Schultheißen! Der geht mit diebischem Gesindel hart ins Gericht, da sind dir Prügel sicher!"

Ich drehe mich um. Vor Schreck verschlägt es mir die Sprache. Ein Kerl steht da mit Helm und Spieß und finsterem Gesicht!

„Langsam, Stadtknecht!", geht die alte Frau dazwischen. „Das ist ein guter Junge. Er hat den Apfel aufgehoben und mir zurückgebracht. Und ich habe ihm gesagt, dass er ihn behalten darf, wenn er mir hilft, die Körbe herunterzuheben."

„Aha. Dann hat das alles seine Richtigkeit", stellt der Stadtknecht fest, aber er schaut mich dabei an, als wollte er mich mit seinem Blick durchbohren. „Obwohl dieser Bursche sehr verdächtig ist. Ein Junge, der sich herumtreibt, anstatt einer Arbeit nachzugehen, wie es recht und billig ist! Und der sich hier auch noch so umschaut! Der führt doch etwas im Schilde!" Und dann droht er mir: „Ich werde dich im Auge behalten, das sei dir gesagt! In der Stadt Burghausen geht es nach Recht und Ordnung zu!"

Mir wird ganz anders. Etwas zu klauen, und wenn es nur ein runtergefallener Apfel ist, scheint hier ein richtig schweres Verbrechen zu sein.

Schnell hebe ich die Körbe und Käfige vom Karren und stelle sie so auf den Platz, wie die alte Frau es will. „Kann ich Ihnen noch bei etwas helfen?“, frage ich dann.

Sie lacht. „Du führst eine seltsame Rede im Munde! *Ihnen* – so spricht man doch nicht! Du bist wohl von weit her?“

Ich nicke und murmle etwas von Nürnberg, denn da bin ich zumindest geboren und das gab es schon im Mittelalter. Sie ist ganz beeindruckt und kriegt sich gar nicht mehr ein, dass ich aus der berühmten Reichsstadt Nürnberg bin.

„Nein so etwas, aus Nürnberg!“, wiederholt sie immer wieder. „Da ist unsere gnädige Frau Herzogin auch durchgezogen, auf ihrem Brautzug. Mehr als vierzig hochadelige Herren haben sie in Wittenberg in Empfang genommen. Dorthin hatte sie ihr hoher Herr Vater, der König von Polen, geleiten lassen. So einen Brautzug hat es seit Menschengedenken nicht gegeben. In Jahrhunderten wird man noch davon reden! Und ich stand am Straßenrand und habe alles mit meinen eigenen Augen erblickt, in Landshut anno 1475 am Vierzehnten des Monats November. Das Datum weiß ich genau, es wird ja jedes Jahr in der Kirche daran erinnert. So schön war die junge Braut in ihrem goldenen Prunkwagen! Und so herzergreifend soll sie bei der Trauung geweint haben! Zwei Dutzend Gänse habe ich nach Landshut geliefert und drei Dutzend Hühner und einen Korb voller Eier, der war groß wie der Apfelkorb hier. Das war eine Hochzeit, ich sage es immer wieder! Unser gnädiger Herzog Georg der Reiche und die Königstochter Hedwig von Polen. Zwölf Dutzend Köche sollen in Landshut beschäftigt gewesen sein, um mit all ihren Küchenjungen für die Gäste zu kochen, zwölf Dutzend! Und meine Hühner und meine Gänse waren dabei. Und vielleicht hat unsere liebe Frau, die gnädige Herzogin, einen Kuchen gegessen, der von meinen Eiern gebacken war! Inzwischen hat sie das ohnehin, ich liefere ja hin und wieder auf die Burg. Meine Waren sind nämlich einwandfrei, alles frisch. Und jetzt sieh zu, dass du weiterkommst, Junge, und nimm dich nur vor den Stadtknechten in Acht! Und hier, der Apfel ist ein wenig angeschlagen, den kannst du noch haben. Na, Gunda, wie wäre es denn heute mit einem Suppenhuhn?“, spricht sie im selben Atemzug eine Frau an, die bei ihr stehen geblieben ist. „Ich schenke dir auch das Suppengrün dazu.“

Ich bedanke mich noch einmal, laufe mit meinen beiden Äpfeln zum Brunnen und wasche sie. Ich will schon hineinbeißen, aber dann denke ich an den Dreck hier auf den Straßen und das gruselt mich so, dass ich beschließe, sie lieber auch noch zu schälen …

Wenig später sitze ich auf den Stufen, die zur Kirche hinaufführen, und esse. Ich versuche langsam zu kauen, damit ich mehr davon habe, aber je mehr ich kaue, desto mehr Hunger bekomme ich.

Ich stehe auf. Wenn ich schon den Tag hier irgendwie rumbringen muss, dann gehe ich am besten erst einmal auf Entdeckungstour. Wer weiß, vielleicht begegnet mir ja durch Zufall ein Hinweis, wie ich den Weg in meine Zeit finden kann, und ich komme heute schon heim! Außerdem ist es viel besser, etwas zu tun.

Ich laufe zum Markt zurück. Hier gibt es eine Menge zu sehen und zu hören. Leider auch zu riechen. Der Boden ist nicht gepflastert und sieht nach undefinierbarer dunkler Schmiere aus. Ganz so dreckig wie in der Gasse ist es hier nicht, aber trotzdem. Hunde streunen zwischen den Verkaufsständen, Körben und Käfigen der Marktfrauen und heben mal hier das Bein, mal dort. Ein Junge treibt Ziegen über den Platz. Ein schwerer Karren rumpelt an mir vorbei, der von zwei Ochsen gezogen wird. Auf der anderen Seite des Stadtplatzes halten gleich mehrere Pferdefuhrwerke. Und viele der Tiere hinterlassen ihre gewissen Haufen. Eine Kehrmaschine wäre hier nicht schlecht!

Dafür sehen die Häuser am Platz gut aus. Dicht an dicht sind sie aneinandergebaut. Prächtige Steinhäuser mit Spitzbögen und breiten Toren, durch die man schöne Gewölbe erkennt. Eines der Häuser ist hoch wie ein

Turm. Dort drüben kann man Brot und Brezeln kaufen, und da um die Ecke in Richtung Brücke Wurst und …

Nicht ans Essen denken! Lieber dem Mann zuhören, der Dudelsack spielt. Neben ihm – ich glaub, ich seh nicht recht: Ein zweiter Mann zieht an einer starken Kette einen zahmen Bären hinter sich her! Der Bär trägt einen Maulkorb, die Kette ist durch seinen Nasenring gezogen. Eine Horde kleiner Kinder rennt ihm johlend nach. Leute bleiben stehen, der Dudelsackspieler stimmt ein neues Lied an und der Bär stellt sich auf die Hintertatzen und beginnt zu tanzen. Zumindest tritt er von einem Fuß auf den anderen.

Ich schlendere weiter. Unter einer Art Zeltdach sitzt ein Mann auf einem Hocker, ein anderer steht mit einer kleinen Zange neben ihm und jetzt – reißt er ihm einen Zahn aus! Mitten auf dem Marktplatz! Und ganz ohne Spritze und so.

Schnell wende ich mich ab. Dort vorn jongliert ein Junge mit Holzkugeln. Ich stelle mich in den Kreis der Zuschauer. Nicht schlecht, wie der Junge das macht. Aber jetzt zieht er sich die Mütze vom Kopf, geht damit reihum und sammelt Münzen ein, also verdrücke ich mich lieber wieder.

Ich erreiche die lange Gasse, in der Käthe wohnt. Hier sind einige Häuser im oberen Teil aus Holz gebaut, haben aber ein Erdgeschoss, das aus Stein gemauert ist.

Die meisten Häuser haben Geschäfte, die jetzt geöffnet sind. Ein paar Gebäude sehen ziemlich windschief und heruntergekommen aus. Das Haus von Käthes Familie nicht. Der große Fensterladen, der in der Nacht verschlossen war, ist als Tischplatte nach außen geklappt und ein paar kleinere Eimer, Krüge und sonstige Gefäße, die alle aus Holzteilen zusammengebaut sind, stehen zum Verkauf darauf. Dahinter kann man in die Werkstatt und auf die großen Fässer und Bottiche sehen. Ein Junge kehrt gerade Hobelspäne auf, ein junger Mann fügt lange, gebogene Holzdielen aneinander und ein älterer schlägt einen Holzreifen um den Bauch

eines schon fast fertigen Fasses. Das muss Käthes Vater sein.

Übermorgen wird bei ihm am Abend ein gewisser Aufseher aus der Burg auftauchen und glauben, er könnte seine „Bestellung“ abholen …

Bis dahin muss ich auf jeden Fall meinen Weg nach Hause gefunden haben, sonst wird es für mich brenzlig. Schlagartig wird mir heiß.

Schnell sage ich mir: „Ich kriege das hin. Morgen auf der Burg finde ich einen Rückweg.“ Ich hämmere es mir so lange ein, bis ich es wieder glaube. Oder wenigstens fast …

Ich gehe weiter und versuche einen beschäftigten Eindruck zu machen, damit mich nicht wieder ein Stadtknecht verdächtig findet.

Durch eine zweite Gasse, in der viele Metallhandwerker ihre Werkstätten haben, schlage ich einen Bogen zurück zur Kirche. Dann lande ich erneut in der langen Gasse, in der Käthe wohnt. Haus an Haus, die Läden immer nach dem gleichen Prinzip: eine aufgeklappte Tischplatte mit den Waren, dahinter die Werkstatt. Und was es alles für Handwerke gibt – bei den meisten weiß ich nicht einmal, wie sie heißen! Wagenräder werden hier hergestellt und Pferdesättel, Stoffe und Kleider, Gürtel, Taschen und Handschuhe, Hüte und Kämme, Bürsten und Besen, Tongeschirr und Zinnteller, Schmuck und Messer, Waffen und Werkzeuge und noch viel mehr.

Ich schaue so neugierig in die Läden, dass ich nicht richtig auf den Weg achte. Beinahe stoße ich mit einem Schwein zusammen, das fast so ähnlich wie ein Wildschwein aussieht und in der Gasse im Dreck wühlt. Gerade rechtzeitig kann ich noch stoppen.

Ich stehe genau vor einer Schuhmacherwerkstatt. Im Ladenfenster hängen Schuhe in verschiedenen Größen. Dahinter sitzt der Schuster auf einer Bank und schneidet Leder zurecht. Zwischen seinen Füßen hockt ein Kleinkind und spielt mit einer Art rasselndem Ball, ein anderes krabbelt auf allen vieren durch die Werkstatt und schiebt einen Fuß aus Holz vor sich her. Ein etwas größerer Junge steht an einer Werkbank und bohrt Löcher in eine Sohle. Im Hintergrund sehe ich eine Frau, die mit der Hand Wolle spinnt, doch jetzt legt sie die Spindel weg und kommt zu mir ans Fenster. „Grüß Gott", sagt sie freundlich, „du willst sicher ein paar Schuhe erstehen?"

Ich schüttle den Kopf und laufe weiter.

Irgendwie wäre es schön, wenn Mama und Papa ihren Arbeitsplatz auch zu Hause hätten und ich nach der Schule nach Hause könnte und sie immer da wären …

Aber Hauptsache, ich komme überhaupt wieder zu ihnen zurück. Dann macht es mir auch nichts aus, dass sie den ganzen Tag in ihrer Arbeit sind. Ich bin ja eh in der Schule, danach in der Nachmittagsbetreuung und manchmal im Verein. Oder bei Lea.

Ich wische mir die Nase mit dem Handrücken ab. Ein Taschentuch habe ich ja nicht.

9. Kapitel

Nach einer Weile gelange ich zu einem Tor. Ich will schon wieder umkehren, da merke ich, dass die Stadt hinter dem Tor weitergeht. Also laufe ich hindurch und auf einer Brücke über einen Graben. Links entdecke ich einen Durchlass in der Häuserzeile und komme zum Fluss hinunter.

Ich glaube, hier irgendwo war ich auch mit meinen Eltern, aber da sah es ganz anders aus. Jedenfalls gab es eine Straße, von der jetzt nicht das Geringste zu sehen ist. Nun ist hier einfach nur ein schmaler Uferstreifen. Ein paar Frauen und Mädchen knien am Rand, waschen im flachen Wasser Wäsche und unterhalten sich dabei. Offenbar über etwas Lustiges, denn sie lachen immer wieder. Zwei Jungen ungefähr in meinem Alter flicken ein Fischernetz. Aber jetzt legen sie ihre Arbeit weg und lassen stattdessen Kieselsteine über das Wasser hüpfen.

Das mache ich oft mit Papa. Ich hebe ein paar kleine Kiesel auf und stelle mich neben die Jungen, werfe ein Steinchen nach dem anderen. Das letzte hüpft fünfmal, ehe es versinkt.

„Nicht schlecht“, sagt der Junge neben mir und grinst mich an. Ich grinse zurück und zucke mit den Schultern. Dann sammle ich neue Kiesel und will gerade den ersten schleudern, da legt mir der Junge die Hand auf den Arm. „Nicht! Wenn du einen der Männer auf dem Schiff triffst, gibt es gewaltigen Ärger!“ Ich habe gar nicht gemerkt, dass sich ein Schiff nähert. Na ja, eher ein großer Kahn. Sechs Männer sitzen oder stehen darauf, rudern und lenken und rufen Befehle.

Das Schiff ist hoch beladen, womit, kann ich nicht sehen, weil alles mit großen Planen abgedeckt ist. Es legt an. Ein vornehm aussehender Mann tritt aus einem großen Haus, geht zu dem Kahn und tut sehr wichtig. Die Schiffer müssen die Plane abnehmen, und der Mann zählt umständlich die Fässer, die darunter zum Vorschein kommen.

„So viel Bier!“, entfährt es mir.

„Bier?“ Der Junge lacht. „Du Spaßvogel! Das sind Scheiben Salz!“

„Wieso Scheiben? Ich sehe nur Fässer“, erwidere ich.

Jetzt schaut er mich an, als käme ich vom Mond. „Du bist ein unkundiger Fremdling, so viel ist klar! Jedes Kind hier weiß doch, dass diese Fässer Scheiben heißen und voller Salz sind, das von Hallein her auf der Salzach heruntergeschifft wird! Und dass Burghausen Zollstation ist und der erste Ort in Bayern, wo das Salz auf Fuhrwerke umgeladen werden darf! Aber du …“

„Essen ist fertig!“, ruft hinter uns eine Frauenstimme.

Mitten im Satz bricht der Junge ab, dreht sich um und rennt eine Außentreppe in ein schmales Haus hinauf, der andere ihm nach. Da merke ich wieder, was für einen Hunger ich habe. Vielleicht kann ich mir am Markt irgendwie noch etwas zu essen verdienen? Betteln wie die zerlumpten Kinder, die in der Stadt jammernd die Hand aufhalten, will ich jedenfalls nicht.

Langsam gehe ich an der Hinterseite der Häuser auf einem Pfad am Flussufer in die Richtung zurück, aus der ich gekommen bin. Als ich fast die Brücke über den Fluss erreicht habe, bleibe ich stehen und drehe mich um. Mit der Strömung fährt wieder ein Schiff heran. Es steuert genau auf mich zu. Am Ufer legt es an, einer der Männer springt heraus und bindet es mit einer Leine an einen Pfosten der hölzernen Uferbefestigung. Dann winkt er mich heran. „Du da, laufe flugs ins Haus und sage dem Salzfertiger, dass wir da sind!“ Damit zeigt er auf die Hintertür des Hauses, zu dem diese Landestelle offensichtlich gehört.

Keine Ahnung, was ein Salzfertiger ist. Was muss man an Salz fertig machen? Aber vielleicht ist das eine Arbeit, bei der ich helfen kann und für die ich dann was zu essen bekomme.

Ich stoße die Tür auf und befinde mich in einem Keller voller Fässer und anderer Behälter. Es riecht nach Moder. Je tiefer ich hineingehe, desto dunkler wird es.

Der Keller nimmt gar kein Ende. Bin ich hier überhaupt richtig? Langsam taste ich mich vorwärts. Weiter vorn fällt etwas Licht von oben herein. Vorsichtig bewege ich mich darauf zu. Ich erreiche eine steile, hohe Treppe, klettere sie hinauf und gelange in einen Lichthof. In einer Ecke ist ein junger Mann damit beschäftigt, ein Fass zu reparieren.

„Entschuldigung. Bist du der Salzfertiger?“, frage ich vorsichtig.

Er grinst. „Schön wär's, du Witzbold! Dann müsste ich mich nicht mit diesen schadhaften Scheiben herumplagen!“

„Und wo finde ich den Salzfertiger?“

Mit dem Kopf weist er auf eine doppelflügelige Tür.

Ich öffne sie und gelange in ein Gewölbe mit Bögen wie in einer Kirche. Durch ein breites Tor sehe ich nach draußen auf ein Pferdefuhrwerk und den Stadtplatz.

„Hallo!“, rufe ich, und gleich noch mal: „Hallo! Ich soll dem Salzfertiger was ausrichten!“

Ein Mann tritt aus einer Tür auf der rechten Seite des Gewölbes. Das ist kein Handwerker, der am Salz irgendetwas fertig macht, sondern einer, der Geld hat und zu fein ist, sich die Hände schmutzig zu machen. Das merke ich gleich an seiner Kleidung. Seine vornehme Jacke mit einem schön gemusterten, silbern beschlagenen Gürtel wirft von der Taille an Falten wie ein kurzes Röckchen und am Kragen, an den Ärmeln und am Saum ist sie mit sehr teuer wirkenden Pelzstreifen eingefasst. Mitten im Sommer! Aber anscheinend will er zeigen, was er sich leisten kann, so wie bei uns die Typen, die die fetten Autos fahren.

„Was gibt es?“, fragt er.

„Ich soll ausrichten, dass sie da sind“, gebe ich zurück. „Ich meine, das Schiff! Es hat grad angelegt.“

„Gut“, antwortet er. „So ist mein Salz also sicher gelandet, dem heiligen Nikolaus sei Dank! Die Fuhrwerke, auf die ich es verladen lassen will, warten schon. Und wer bist du? Dich habe ich noch nie gesehen.“

„Ich bin neu hier“, antworte ich und füge schnell hinzu: „Ich würde mir gern was verdienen. Beim Abladen vielleicht?“

Er schüttelt den Kopf und lacht. „Du siehst nicht so aus, als wärest du dafür stark genug! Aber hier, Bursche, erstehe dir eine Brezel für die frohe Botschaft, die du mir gebracht hast!“ Damit holt er aus der Tasche an seinem Gürtel eine kleine Münze hervor und drückt sie mir in die Hand. „Und jetzt lauf!“

Das lasse ich mir nicht zweimal sagen. Ich renne zu dem Bäckerladen. Das Geld reicht sogar für zwei Brezeln und ein Brötchen. Fürs Erste bin ich gerettet. Was meinen Hunger betrifft jedenfalls …

10. Kapitel

Jetzt bin ich schon den zweiten Morgen hier im Mittelalter. Irgendwie finde ich es sogar spannend. Weil alles so anders ist als bei uns und auch ganz anders, als ich es mir vorgestellt habe. Wenn ich wieder daheim bin, habe ich eine Menge zu erzählen.

Heute werde ich zurück in die Gegenwart finden, daran glaube ich fest. Irgendetwas wird passieren, was mir den Weg zeigt. Denn jetzt bin ich wieder in der Burg, in der alles angefangen hat. Heute *muss* es einfach gelingen! Denn etwas anderes … Nein, darüber denke ich gar nicht erst nach!

Käthe hat von Meister Lukas wirklich die Erlaubnis erhalten, mich mit auf die Burgbaustelle zu bringen. Dass sie das geschafft hat, ist echt toll. Ziegenmilch hat sie mir am Morgen auch wieder gegeben. Und vor allem hat sie mich noch einmal über Nacht in der Werkstatt ihres Vaters versteckt, obwohl sie Schläge bekäme, wenn er es merken würde. So eine ist sie, die Käthe. Ich weiß wirklich nicht, was ich ohne sie täte und wie ich mich jemals bei ihr bedanken kann für all ihre Hilfe.

Ohne sie könnte ich mir nicht einmal das Essen holen, das mir auf der Burg als Handlanger zusteht, weil ich keine Holzschale dafür habe. Wir essen gemeinsam aus ihrer Schale. Ihren Löffel wollte sie sogar auch mit mir teilen, aber ich tunke die Suppe lieber mit einem Stück Brot auf.

Zum Frühstück eine breiartige Suppe aus Ich-weiß-nicht-was mit fetten Speckwürfeln drin: Das habe ich auch noch nie gehabt. Aber ich stopfe dieses seltsame Essen in mich rein wie nur was. Und dann reihe ich mich mit Käthes Holzschale gleich noch einmal in die Schlange von Leuten ein, die vor dem riesigen Suppenkessel anstehen.

„Stell dir vor, wir sollen als Handlanger auf der Baustelle an der Hauptburg eingeteilt werden!", ruft Käthe ganz aufgeregt, als ich zu ihr zurückkomme. „Dort wird die Schildmauer ausgebessert und erhöht."

„Ja und?", frage ich und setze mich neben sie auf die Bank.

„Ja und! Das kannst auch nur du fragen!", erwidert Käthe und schüttelt den Kopf. „Da kommen einfache Leute wie wir sonst niemals hin. Unsereins darf gewöhnlich ja nicht einmal in den Ersten Vorhof. Und jetzt die Schildmauer!" Sie macht ein ganz begeistertes Gesicht. „Du musst wissen, dahinter liegen der Palas und die anderen herrschaftlichen Gebäude der Hauptburg – ganz vorn an der Spitze des Bergrückens. Dort wohnt die Herzogsfamilie. Das heißt, der Herzog selbst weilt ja meist in Landshut, aber die Herzogin und ihre beiden Töchter leben auf unserer Burg: das edle Fräulein Elisabeth, das ist zehn Jahre alt, und dessen jüngere Schwester Margarethe. Es heißt, der Herzog habe gelobt, dass sie einmal als Nonne ins Kloster gehen soll."

Ganz schön seltsam, dass der Herzog einfach festlegt, dass seine Tochter Nonne werden muss! Wo sie doch noch ein Kind ist. Ich finde, das müsste sie selber entscheiden, wenn sie erwachsen ist. Aber Käthe hat das so ehrfürchtig gesagt, dass ich meine Meinung lieber für mich behalte.

„Und Elisabeth?", frage ich nur.

Käthe zuckt mit den Schultern. „Sie heiratet natürlich den Mann, den der Herzog für sie aussucht."

Jetzt bleibt mir doch der Mund offen stehen. „Und du? Du darfst dir doch deinen Mann mal selber aussuchen?", rutscht es mir raus.

Da sieht sie mich an, als wüsste sie gar nicht, wovon ich rede, und sagt: „Ich habe keinen Bruder mehr. Alle meine Brüder sind gestorben. Wenn es so weit ist, verheiratet mich mein Vater mit seinem besten Gesellen, damit der einmal die Werkstatt übernimmt."

Ich muss schlucken. Alle ihre Brüder sind gestorben! Ich weiß gar nicht, was ich sagen soll. Und ich traue mich nicht zu fragen, wie viele es waren. „Das tut mir leid. Das mit deinen Brüdern", bringe ich schließlich heraus.

Sie nickt und schweigt. Dann sagt sie sehr leise: „Die meisten sind gestorben, als sie ganz klein waren. Wie es eben oft mit kleinen Kindern ist. Aber Sepp …“ Sie spricht nicht weiter.

„Sepp?“, frage ich vorsichtig.

„Er war ein Jahr älter als ich. Und letztes Jahr – er hatte lange einen vereiterten Zahn und da ist er …“ Abrupt steht sie auf. „Komm! Wir müssen los! Wer schneller an der Zugbrücke ist!“

Sie rennt los und ich renne hinterher und tue so, als wollte ich sie überholen und würde es nicht schaffen.

„Erster!“, ruft sie und schlägt sich am geöffneten Torflügel ab.

„Kannst du aber schnell rennen!“, japse ich, als wäre ich völlig außer Atem. Sie lacht. Bin ich froh, dass sie lacht!

Eigentlich gehe ich ja nicht gerade gern zum Zahnarzt. Aber wenn ich höre, dass Käthes Bruder an einem vereiterten Zahn gestorben ist, bin ich doch froh, dass wir Zahnärzte haben und man bei uns an so was nicht mehr sterben muss.

Eine Gruppe Handlanger und Handwerker mit ihren Werkzeugen trifft bei uns ein. Gemeinsam gehen wir los. Wir durchqueren den Vierten Vorhof und dann den Dritten. Als wir an dem endlosen Pferdestallgebäude vorbeigehen, halte ich mich dicht neben einem dicken Mann, damit man mich vom Stall aus nicht sehen kann.

Ich atme auf, als wir den Zweiten Vorhof erreicht haben. Durch ihn gehen wir auf ein mächtiges Gebäude mit zwei Türmen zu, das sich wie eine Festung hinter einem Abgrund erhebt. Der Berg ist hier ganz schmal und fällt rechts und links gefährlich steil in die Tiefe. Das Tor ist geschlossen.

Ein Wächter ruft etwas vom Turm herunter. Wir müssen auf der Brücke warten. Dann wird das Guckloch in der kleinen Tür geöffnet, ein Mann mustert uns und bestätigt, dass wir die Arbeiter sind, auf die er wartet. Endlich werden wir in den Ersten Vorhof gelassen. Ewig lang ist der und hat sehr hohe Mauern. Hier finden bestimmt die tollsten Turniere statt. Jedenfalls ist genug Platz dafür, dass zwei Ritter auf ihren Pferden mit Lanzen gegeneinander anrennen und der Hofstaat dabei zuschaut. Wirklich irre, diese Burg. Aber jetzt ist von Rittern und schönen Burgfräulein gerade nicht das Geringste zu sehen.

Dafür sehe ich am Ende des Vorhofs hinter einem sehr tiefen und breiten Graben die Hauptburg – zumindest von außen. Was für ein gewaltiger Anblick! Eine mächtige Mauer steigt aus dem trockenen Graben auf und bildet vor der eigentlichen Hauptburg einen erhöhten Absatz. Auf diesem ist ein kleiner Garten angelegt. Links grenzt er an einen klotzigen Vorbau, zu dem eine Zugbrücke über den Graben führt. Vom Absatz aus erhebt sich an der Rückseite des Gärtchens eine eingerüstete Mauer. Das ist offensichtlich die Schildmauer, von der Käthe geredet hat. Sie verbindet den Bergfried, einen runden Turm auf der linken Seite, mit der Frontseite eines Gebäudes auf der rechten und verwehrt den Blick ins Innere der Burg.

Oben auf der Mauerkrone ist ein großes Holzrad, das entfernt einem Mühlrad ähnlich sieht. Keine Ahnung, wozu es dient.

Krass, was die Leute hier für Bauwerke hinkriegen, ganz ohne Bagger, Kran und elektrische Maschinen!

Auf einmal finde ich es toll, dass ich auf dieser Baustelle mitmachen soll. Wenn ich wieder bei Mama und Papa bin, dann gehen wir gemeinsam durch die Burg und ich zeige ihnen, woran ich gebaut habe.

Oben von dieser Mauer aus muss man doch einen Blick über die ganze Burg haben. Vielleicht sehe ich von dort aus irgendetwas, was mich auf eine Idee bringt, wie ich in meine Zeit kommen kann!

11. Kapitel

Fast den ganzen Vormittag gehe ich schon oben auf der Schildmauer hin und her und trage Eimer mit Erde und Geröll und schaufle und schippe und trage. Ich nehme in jede Hand einen Eimer und fülle die beiden nicht einmal halbvoll. Dafür mache ich den Weg lieber öfter, so fällt es mir leichter. Not macht erfinderisch! Die Männer grinsen darüber, aber sie sagen nichts dagegen. Ich muss nur mit meiner Arbeit nachkommen.

Angst herunterzufallen habe ich nicht: Die Mauer ist unglaublich dick, bestimmt drei Meter, breiter als mein Kinderzimmer daheim. Aber sie ist nicht durch und durch aus Stein, sondern hat zwei starke, aus Natursteinen gemauerte Außenwände mit einem Hohlraum dazwischen. Dafür, dass der nicht hohl bleibt, bin ich zuständig. Ich fülle ihn ständig auf und ein Arbeiter klopft mit einem Stampfer alles fest, was ich in den Spalt zwischen die beiden Wände schütte. Ohne mich geht es nicht.

Hochgezogen wird das ganze Zeug durch eine Art Kran. Den gibt es also doch – aber was für einen! Ganz ohne Strom und echt raffiniert. In dem großen Rad, das ich von unten gesehen habe, läuft ein Mann wie ein Hamster im Hamsterrad. Es hat zwar Ähnlichkeiten mit einem Mühlrad, aber es hat keine Schaufeln, sondern eine Lauffläche. Auf dieser joggt der Mann, joggt und joggt und bleibt trotzdem immer auf der gleichen Stelle. Dafür dreht sich das Rad. Der Mann ist sozusagen der Motor des Krans!

Von der Achse des Rades führt ein langes Seil über Rollen, die auf einem Holzgerüst angebracht sind, und fällt in die Tiefe. Und an diesem Seil werden die Steine, welche die Steinmetze am Fuß der Mauer mit Hammer und Meißel behauen, heraufgehievt – oder große Wannen mit Erde und Geröll, die ich mit meinen Eimern verteilen muss.

Dass Kinder früher so schwer arbeiten mussten, hätte ich nie gedacht. Auf Dauer möchte ich so was nicht machen müssen. Aber für den einen Tag schaffe ich das. In den Augen des Hofmaurermeisters Hans, der uns für die Baustelle eingeteilt hat, bin ich anscheinend sowieso kein Kind mehr. Na ja, ich bin in meiner Klasse der größte Junge und die Leute hier sind kleiner als die meisten Menschen bei uns. Manche Männer sind nicht viel größer als ich und vermutlich auch nicht sehr viel schwerer. Aber erheblich stärker als ich sind sie alle, das ist mir inzwischen klar. Sie haben mächtig Muckis – ganz ohne Fitnessstudio.

Arbeit scheint im Mittelalter vor allem eine körperliche Plackerei gewesen zu sein, echt hart. Trotzdem wirken die Leute hier nicht so gestresst wie Mama, wenn sie stöhnt, dass sie vor lauter Arbeit und Terminen nicht mehr weiß, wo ihr der Kopf steht. Oder wie Papa, wenn er schon vor dem Frühstück mit seinem Smartphone und seinem Tablet zugange ist und telefoniert und mailt und simst – am besten alles gleichzeitig. Das muss ich Mama und Papa erzählen, wenn ich wieder zu Hause bin.

Aber wenn ich nicht mehr heimfinde?

Ich arbeite schneller. So schnell, bis es nur noch die Anstrengung ist, die mein Herz so stark schlagen lässt.

Dann darf ich verschnaufen. Ich habe mit affenartiger Geschwindigkeit allen Schutt verteilt und Nachschub ist gerade nicht in Sicht. Am Seil unten wird eben mit einer großen Greifzange ein Quader befestigt. Also habe ich Zeit, mich auf einen Stein zu setzen und in aller Ruhe zur Stadt und zum Fluss auf der einen Seite der Burg hinunterzusehen und zum See auf der anderen. Auf dem Hügel dahinter gibt es eine weitere Baustelle. Dort wird ein dicker Turm errichtet und durch eine lange Mauer mit der Burg verbunden.

Wenn ich mich umdrehe, blicke ich auf die riesigen Häuser der Hauptburg und eine Kapelle zwischen ihnen – und in den Innenhof. Aber da ist nicht viel los. Keine Spur von der Herzogin oder den Prinzessinnen.

Und nirgendwo eine Spur von irgendetwas, was wie ein Tor in meine Zeit aussieht oder was mich auf eine Idee bringt, wie ich den Heimweg finden könnte. Was habe ich mir eigentlich erhofft?

Ob ich versuchen soll, mit Käthe darüber zu reden? Wenn ich Lea von einem Problem erzähle, löst es sich manchmal ganz von allein. Aber Käthe ist ja nicht Lea und außerdem glaubt sie nicht, dass ich aus einer anderen Zeit bin.

Ich schaue zu ihr hinunter. Sie steht am Fuß der Schildmauer in dem kleinen Garten auf dem Absatz zwischen Graben und Mauer. Mit einem langen Schieber rührt sie vor und zurück in einer Wanne mit Mörtel. Und jetzt kommt einer der Maurer, prüft den Mörtel und sagt etwas zu ihr. Sie nimmt einen Holzeimer und verschwindet im Torbau, dem Gebäude, auf das die Zugbrücke zuführt, während er weiterrührt. Kurz darauf sehe ich sie tief unten im Burggraben wieder. Dort ist ein Brunnen, aus dem sie mit einem Eimer …

„Na, Junge, schläfst du?“, fragt einer der Maurer und lacht. Ich sehe, dass bereits eine neue Wanne mit Schutt hochgezogen wurde, und mache mich schnell an die Arbeit.

Es dauert eine Weile, bis ich wieder Pause habe. Ich halte Ausschau nach Käthe – und mir bleibt fast das Herz stehen. Denn gerade eben tritt ein Mädchen aus dem Torbau in den kleinen Garten unterhalb der Schildmauer und ich weiß sofort, dass es eine der beiden Prinzessinnen sein muss. Offensichtlich ist es die ältere von beiden: Elisabeth. Sie trägt ein schönes bodenlanges Kleid aus schimmerndem rotem und blauem Stoff und goldenen Schmuck. Alle Arbeiter verbeugen sich vor ihr und ziehen den Hut vom Kopf. Mir wird selber ganz ehrfürchtig zumute. Obwohl das ja eigentlich albern ist, aber trotzdem.

Nun bleibt Elisabeth auch noch bei Käthe stehen und redet mit ihr. Käthe macht einen tiefen Knicks und es kommt mir vor, als könnte ich spüren, wie aufgeregt sie auf einmal ist. Dann muss ich erst mal wieder schaufeln und schleppen.

Beim Hin- und Hergehen werfe ich ab und zu einen Blick nach unten. Käthe trägt schon wieder einen Eimer Wasser herbei. Aber sie bringt ihn nicht zur Mörtelwanne, sondern zu Elisabeth, die neben einem Rosenstock auf sie zu warten scheint. Elisabeth zeigt auf die Rose und Käthe gießt Wasser darauf und so geht es weiter, von einer Rose zur nächsten, und die ganze Zeit reden sie dabei. Das heißt, Elisabeth redet. Das hätte ich nicht geglaubt, dass eine Herzogstochter so freundlich ist und sich mit einer Handlangerin von der Baustelle unterhält. Ich dachte, alle Prinzessinnen wären hochnäsig. Käthe nickt immer wieder, bleibt stehen und sieht Elisabeth an. Dann verschwinden beide unter der Rosenlaube und für mich gibt es nichts mehr zu sehen.

Endlich ist Mittagszeit und wir dürfen von der Mauer klettern. Eine ganz schöne Höhe ist das hier! Und das muss man auf Holzleitern nach unten klettern. Beim Raufsteigen fand ich es nicht besonders hoch, da bin ich einfach hinauf und es hat mir überhaupt nichts ausgemacht, weil die Leitern ja festgebunden sind und gar nicht umfallen können. Aber jetzt hinunter ...

Ich warte, bis alle Männer unten sind. Wenn ich allein auf der Leiter bin, ist es mir wohler, dann schwankt es nicht so. Trotzdem halte ich mich ganz gut fest und passe bei jeder Sprosse auf, nicht danebenzutreten. Ich bin froh, als ich wieder den Boden unter den Füßen habe.

Im Schatten der Mauer lassen wir uns nieder und holen unser Brot hervor. Wir haben es beim Frühstück gleich für die Mittagspause dazubekommen. Ein richtiges Essen gibt es erst am Abend wieder, eine „schöne, fette Fleischsuppe", wie Käthe sagt. Eigentlich mag ich fette Fleischsuppen nicht besonders. Trotzdem freue ich mich schon drauf. So einen Hunger wie jetzt habe ich nach einem Vormittag in der Schule nie. Mit meinem Messer schneide ich mir gleich ein dickes Stück Brot ab.

Käthe sitzt auf einem Steinhaufen. „Dann sprich mal das Gebet, Mädchen!", fordert sie der Meister der Steinmetzen auf.

Käthe gehorcht und alle sagen „Amen" und bekreuzigen sich. Schnell mache ich das auch, um nicht dumm aufzufallen. Dann beiße ich in mein Brot. Käthe holt ihres aus dem Beutel, der an ihrem Gürtel hängt. Und wie sie es herauszieht, kommt noch etwas anderes mit und fällt hinunter. Deutlich hört man das metallische Geräusch, als es auf einem Steinblock aufschlägt. Und dort bleibt es liegen und blinkt in der Sonne.

Ich sehe, wie erschrocken Käthe ist und wie sie sich schnell bückt, nach dem blinkenden Ding greift und es in ihrer Hand verschwinden lässt. Aber der Meister hat es auch gesehen. Er packt Käthe am Unterarm und dann

presst er die Faust, zu der Käthe ihre Hand geschlossen hat, so fest, dass Käthe die Finger aufgehen. Da können wir sie alle sehen: die goldene Brosche mit funkelnd roten Edelsteinen. Dass diese Brosche nicht Käthe gehören kann, sondern nur dem edlen Fräulein Elisabeth, das ist jedem klar, auch mir.

Auf einmal ist es ganz still unter den Bauarbeitern. Mein Mund ist so trocken, dass mir die Zunge am Gaumen festklebt. Das darf nicht wahr sein!

Weil ich einen Apfel von der Straße aufgehoben habe, wäre ich beinahe zum Schultheißen geschleift worden. Für einen Sack Hafer hat der Typ vom Pferdestall mir mit Erhängen gedroht. Auch wenn das vielleicht übertrieben war, weil er mich nur erpressen wollte – die Brosche der Herzogstochter zu stehlen, ist bestimmt viel, viel schlimmer!

Ich kann nicht glauben, dass Käthe so etwas getan haben soll. Sie ist doch keine gemeine Diebin! Aber ich habe selber gesehen, wie die Brosche aus ihrer Tasche fiel und wie Käthe sie schnell wieder verstecken wollte. Ich begreife es nicht …

Der Meister reißt Käthe in die Höhe. Ihr Gesicht ist blass und ganz fremd. „Ihr alle seid Zeugen!", sagt der Meister. „Dieses Miststück hat unser edles Fräulein bestohlen!" Dann ruft er laut: „Wache! Hierher! Verhaftet die Diebin, die sich am Hab und Gut unseres gnädigen Herrn Herzog vergriffen hat!"

„Aber", stottere ich, „d-d-das k-k-ka-kann doch ni-ni…" Doch keiner hört mir zu.

Schon sind zwei bewaffnete Wächter da, schnappen sich Käthe und führen sie davon. Mit steifen Schritten geht sie mit ihnen, wie eine Marionette. Aber dann dreht sie sich noch einmal um und sieht mich an. Und dieser Blick, dieser Blick …

12. Kapitel

Ich werde verrückt. Ich schleppe meine Eimer, bin völlig fertig. Aber das Schleppen ist immer noch besser als die Pausen. Weil es in den Pausen nichts gibt, was mich vor meinen Gedanken rettet.

Was machen sie mit Käthe? Haben sie sie in den Hexenturm gebracht und da hockt sie nun in einem finsteren Verlies und weiß nicht, was mit ihr geschieht? Oder schleifen sie sie in den … Nein, ich kann den Gedanken nicht zu Ende denken. Ich will nicht. Aber er lässt sich nicht verdrängen …

Mit Papa hätte ich beinahe den Folterturm angesehen. Vor den Jungen aus meiner Klasse wollte ich damit angeben. Aber da habe ich doch gewusst, dass es so was bei uns nicht mehr gibt! Dass es eben nur ein gruseliges Museum ist über etwas, das schon lange vorbei ist. Aber jetzt!

Nein! Es darf nicht sein! Nicht Käthe!

Ist in der Zeit, in der ich jetzt bin, dieser Turm wirklich ein Folterturm? Und wenn ja, würden sie da auch Käthe …

Was soll ich bloß tun? Soll ich zu ihrem Vater rennen und ihm alles sagen? Aber wenn der erfährt, dass ich mich als sein Sohn ausgegeben habe und angeblich einen Sack Hafer klauen wollte!

Wahrscheinlich hat er von Käthes Verhaftung sowieso längst erfahren und kann nichts tun. Jedenfalls sicher nicht erreichen, dass Käthe einfach wieder freigelassen wird. Weil doch alle Männer hier gesehen haben, dass Käthe die Brosche in ihrer Hand hatte. Und weil die Brosche bestimmt sehr wertvoll ist, mit dem Gold und den ganzen Edelsteinen. Und weil sie der Herzogstochter gehört.

Einem der Maurer hier tut Käthe auch leid, ich habe es an seinem Gesicht gesehen, als sie weggeführt wurde. Ich warte, bis kein anderer Mann direkt neben ihm arbeitet, und gehe zu ihm. „Bitte", sage ich leise, „bitte, darf ich mit Euch reden?" Dass man hier nicht „Sie" und „Ihnen" sagt, habe ich inzwischen kapiert.

Er dreht sich zu mir um. „Was ist?"

„Käthe", flüstere ich, „kann man ihr nicht irgendwie helfen?"

Er presst die Lippen zusammen und schüttelt den Kopf. „Nichts täte ich lieber, ich bin ihr Onkel. Aber alles spricht gegen sie. Wie konnte sie nur so eine Untat begehen! Käthe steht eine schwere Strafe bevor, es sei denn, der Herr Herzog höchstpersönlich ließe Gnade vor Recht ergehen. Aber warum sollte er – wenn seine eigene Tochter bestohlen wurde! Und damit er selbst. Und jetzt trage deine Eimer! Der Spalt füllt sich nicht von allein."

Ich kehre an meinen Arbeitsplatz zurück. Ich würde noch meilenweit Eimer schleppen, wenn ich nur Käthe retten könnte. Auch wenn sie nicht Lea ist. Aber sie ist die Einzige, die mir hier geholfen hat. Und ohne sie …

„Stopp!", ruft der Meister. „Hüte runter! Unser gnädiger Herr Herzog!"

Alle nehmen sich die Hüte vom Kopf und verbeugen sich tief. Das mache ich auch und schaue dabei in den Ersten Vorhof hinunter. Auf dem breiten Weg reitet ein Ritter in einer blitzenden, glänzenden Rüstung heran. Ich glaube, sie ist sogar mit Gold verziert. Darüber trägt er eine Art bunt bestickten Rock. Weiß-blaue Rauten sehe ich darauf und noch andere Muster, sein Wappen vielleicht. Ich kann es auf diese Entfernung nicht so genau sehen, aber die Rauten sehen jedenfalls sehr bayrisch aus. Das ist also der Herzog!

Einige andere Ritter und Knappen reiten hinter ihm her. Einer trägt eine lange Stange mit einer wehenden Fahne. Auch auf ihr sind die weiß-blauen Rauten zu sehen und – jetzt erkenne ich es – zwei stehende, goldene Löwen auf schwarzem Hintergrund. Hunde laufen neben der Gruppe her. Vom Turm bläst ein Wächter in sein Horn, die Hufe der Pferde dröhnen auf der Zugbrücke. Ich kann die Ritter nicht mehr sehen. Kurz darauf entdecke ich sie im Innenhof. Und ich sehe Elisabeth in ihrem rot-blauen Kleid auf den Herzog zulaufen. Er zügelt sein Pferd und steigt schwerfällig ab, breitet die eisengeschienten Arme aus und umarmt sie. Trotz seines Panzers, der an der Brust vorgewölbt ist

und bei einer Umarmung ganz schön stören muss, sieht das sehr herzlich aus. Sie mögen sich, die beiden, der Herzog und seine Tochter Elisabeth, das merkt man selbst aus dieser Entfernung. Der Herzog zieht seinen Panzerhandschuh aus und legt dem edlen Fräulein die Hand auf die Schulter. Gemeinsam biegen sie um ein Gebäude, das mir die weitere Sicht in den Hof nimmt.

Ich starre immer noch auf die Stelle, an der sie verschwunden sind. Und auf einmal habe ich einen Gedanken: Elisabeth! Wenn jemand Käthe retten kann, dann ist es sie! Wenn sie ihren Vater bittet, Käthe zu begnadigen, dann hat Käthe vielleicht eine Chance, nicht bestraft zu werden. Oder wenigstens nicht so arg. Die einzige Chance.

Nur – wie bringe ich Elisabeth dazu, sich für das Mädchen einzusetzen, das sie angeblich beklaut hat? Und wie soll es mir überhaupt gelingen, an die Prinzessin heranzukommen?

13. Kapitel

Feierabend. Ein Bauarbeiter nach dem anderen klettert die Schildmauer hinunter. Wieder warte ich, bis alle unten angekommen sind, damit ich die Leiter für mich allein habe.

Jetzt hat auch der letzte den Boden erreicht. Rückwärts taste ich mit dem Fuß nach der ersten Sprosse, halte mich gut fest. Da fällt mein Blick auf eine Öffnung im Bergfried ein Stückchen oberhalb der Schildmauer. Vielleicht wird das einmal eine Tür, wenn die Mauer fertig gebaut ist. Und plötzlich …

Ich schaue nach unten zu den Arbeitern. Alle unterhalten sich aufgeregt über die Sache mit Käthe, keiner sieht zu mir herauf. Auch die Wächter, die ihnen die Tür zum Torbau öffnen, reden lautstark über den „unerhörten Diebstahl".

Meine Beine reagieren ganz von allein. Ich klettere zurück auf die Mauer, schleiche geduckt zu der Öffnung im Bergfried und ziehe mich hinauf. Klar, vom Turm aus muss es doch einen Zugang ins Innere der Hauptburg geben. Ein letzter Blick nach unten: Die Bauarbeiter verlassen gerade den Torbau über die Zugbrücke. Keiner vermisst mich. Ich schlüpfe durch die Öffnung und kauere mich im Bergfried in einen dunklen Winkel. Oben im Turm höre ich Schritte, die auf und ab gehen, und zwei Männer, die sich unterhalten. Bestimmt sind das Wächter.

Plötzlich bekomme ich solch eine Angst, dass ich schreien könnte. Wie konnte ich nur so wahnsinnig sein, hier einzusteigen? Das habe ich doch gar nicht geplant! Aber jetzt bin ich tatsächlich im Turm der Hauptburg, in der ich nie und nimmer sein dürfte!

Zurück kann ich nicht mehr. Das Tor ist geschlossen und die Zugbrücke hochgezogen. Und wenn ich entdeckt werde? Ein Aufenthalt in der Hauptburg ist mit Sicherheit strengstens verboten, wenn man normalerweise nicht einmal in den Ersten Vorhof darf. Was hab ich nur gemacht?

Mein Herz klopft wie verrückt.

Käthes Herz klopft bestimmt noch viel schlimmer.

Ich kann sie nicht im Stich lassen. Sie hat mich ja auch nicht im Stich gelassen. Wenn ich schon einmal hier in der Hauptburg bin, dann muss ich mit der Herzogstochter Elisabeth reden.

Was ich ihr sagen soll, weiß ich allerdings nicht. Und wie ich sie finden soll, schon gar nicht. Aber wenn ich hier im Dunkeln sitzen bleibe und mich nicht weitertraue, dann finde ich sie auf keinen Fall. Ich hole tief Luft.

Auf Zehenspitzen schleiche ich zur Wendeltreppe und bleibe immer wieder stehen, um zu lauschen. Dann steige ich leise Stufe für Stufe nach unten. Schließlich erreiche ich den Burghof. Um mich herum stehen gewaltige Gebäude und hohe Mauern.

Es wird Nacht und ich bin im Innersten der Hauptburg. Jeden Augenblick kann mir der Herzog oder ein Wächter über den Weg laufen! Ich lehne mich von außen an den Turm, drücke mich an das kalte Mauerwerk. Meine Knie sind so weich, dass ich mich kaum aufrecht halten kann.

Lieber Gott, hilf mir! Es ist doch für Käthe!

Allmählich fange ich mich wieder. Ich schaue mich um. Ein sehr großes, hohes Haus mit Außentreppe ist direkt an den Turm gebaut. Aus den Fenstern im zweiten Stock dringen Licht, Musik und Stimmen. Ich lausche.

Ich glaube, da wird gefeiert, und zwar nicht nur von fünf oder zehn Leuten, sondern vielleicht von fünfzig oder hundert. Ob Elisabeth unter ihnen ist?

Dort drinnen kann ich auf keinen Fall mit ihr reden. Ich muss im Burghof darauf warten, dass sie vielleicht herauskommt. Wenn ich nur wüsste, wo ihr Zimmer ist!

Hätte ich doch zugehört, als Mama aus dem Reiseführer vorgelesen hat! Und hätte ich mir die Bilder und Pläne mal angeschaut, die sie mir dauernd zeigen wollte! Dann wüsste ich jetzt, wo die Kemenate ist, das Zimmer oder das Gebäude, in dem die Frauen gewohnt haben. Das Wort kenne ich aus meinem Mittelalter-Buch. Aber was nützt mir das, wenn ich nicht weiß, wo die Kemenate hier liegt?

Im Haus gegenüber ist eine Fensterreihe im ersten Stock schwach erleuchtet. Auch dort führt eine Außentreppe hinauf. Angestrengt versuche ich, etwas zu erspähen. Nichts regt sich. Ich warte und warte und warte. Da – eine Gestalt bewegt sich hinter einem der Fenster. Sie trägt einen Leuchter. Ihr folgt ein Mädchen in einem rot-blauen Kleid!

Ohne nachzudenken, laufe ich los, steuere über den Hof auf das Haus zu, in dem ich Elisabeth gesehen habe. Da öffnet sich eine breite Tür im Erdgeschoss und eine rundliche Frau tritt heraus, eine Laterne in der Hand. Sie kommt auf mich zu und leuchtet mir genau ins Gesicht.

Schnell trete ich zur Seite, weiß nicht, was ich tun soll. Da sehe ich die Reihen von Holzscheiten, die an der Mauer aufgeschichtet sind, ein Korb liegt daneben. Ich renne hin und beginne wie wild Holz in den Korb zu legen, als wäre das meine Aufgabe.

„Du da, Junge!“, ruft die Frau hinter mir her. Ich tue so, als würde ich sie nicht hören. Da ruft sie noch lauter: „Bist du der neue Küchenjunge in der Dürnitz?“

Ich habe keine Ahnung, was die Dürnitz ist, sage aber schnell: „Ja.“ Was bleibt mir anderes übrig?

„Gut!“, ruft sie. „Dann komme her und gehe mir in meiner Küche in der Kemenate zur Hand! Der Meisterkoch der großen Küche in der Dürnitz hat genug Köche und Helfer, er wird dich schon einmal entbehren können! Wenn er dir morgen die Ohren langziehen will, dann berufst du dich auf mich. Ich habe noch etwas gut bei ihm. Und jetzt hurtig, bringe das Holz in meine kleine Küche und schüre das Feuer nach! Der Herr Herzog will ganz privat mit meiner lieben gnädigen Frau und den edlen Fräulein in der Kemenate speisen und dafür muss ich aus dem Stand ein festliches Mahl bereiten! Ich hatte doch keine Ahnung, dass er heute von Landshut herüberkommen und bei meiner edlen Frau Herzogin das Nachtmahl einnehmen würde! Nie sagt man mir vorher, wann er erwartet wird und ob er mit dem Hofstaat im Saal der Dürnitz speisen wird oder ob er im Familienkreis in der Kemenate zu essen geruht und ich für ihn auftischen muss!“ Sie schüttelt den Kopf, winkt mir, dass ich ihr folgen soll, und murmelt noch weiter vor sich hin.

Hinter ihr her gehe ich durch die Tür und steige eine Treppe hinunter. Dann führt sie mich in ein verrauchtes, verrußtes und überhitztes Gewölbe. So ein dunkles Loch von Küche habe ich noch nie gesehen!

Ehe ich weiß, wie mir geschieht, bin ich damit beschäftigt, Holz auf ein offenes Feuer nachzulegen, über dem an einer Kette ein Kessel mit Suppe hängt.

Und dann stehe ich an einer zweiten Feuerstelle und muss zwei Spieße über der Glut drehen, an denen irgendwelche größeren Vögel gebraten werden.

„Immer schön langsam und gleichmäßig drehen!“, befiehlt die Köchin und ich gebe mein Bestes, damit nicht auffällt, dass ich so was zum ersten Mal in meinem Leben mache. Zum Glück muss ich nicht Fische ausnehmen wie Gretel, das Mädchen, das vor mir die Spieße gedreht hat. Da würde gleich herauskommen, dass ich kein Küchenjunge bin. Mir läuft der Schweiß von der Stirn. Nicht nur wegen der Gluthitze hier …

Offensichtlich bin ich hier in der Kemenate, in demselben Haus wie Elisabeth, und drehe die Spieße für ein Essen, das sie zu sich nehmen wird. Aber ich weiß noch immer nicht, wie ich es anstellen soll, mit ihr zu reden.

Ein Junge kommt in die Küche. Er muss ungefähr so alt sein wie ich. Sehr vornehm sieht er aus, jedenfalls ganz anders als die Jungen, die ich in der Stadt gesehen habe. Er trägt eine Art eng anliegende rote Strumpfhose mit bunten Streifen an den Außenseiten und Lederschuhe mit überlangen Spitzen, die wie Schnäbel aussehen und ziemlich unpraktisch sein müssen. Dazu hat er ein feines Jäckchen an, das nicht einmal über den Po reicht und in der Taille mit einem Gürtel gebunden ist, an dem ein Messer hängt. Seine Haare fallen ihm in kunstvollen Locken bis auf die Schultern, auf seinem Kopf sitzt eine seltsame gestreifte Mütze.

„Man hat mir befohlen, die Suppe aufzutragen", verkündet er. „Und das edle Fräulein Elisabeth wünscht einen Reisbrei mit Mandeln zum Nachtisch."

„Ja, die Suppe ist fertig", erwidert die Köchin, „fülle sie ein, Gretel! Und dann laufe in den Vorratskeller und hole die Milch und ein Töpfchen Honig hinzu, damit der Reisbrei schön süß wird, wie ihn das edle Fräulein gern mag! Hier, Page, nimm auch das Brot mit! Und jetzt geh, hurtig, hurtig! Wir wollen doch die hohen Herrschaften nicht warten lassen!"

Da erst kapiere ich, dass dieser Junge ein Page ist, der genau in den Raum geht, in dem sich Elisabeth aufhält. Fieberhaft arbeitet es in meinem Kopf, dann sage ich schnell: „Entschuldigung, aber ich muss mal, ganz dringend!“, und stürze hinter dem Pagen her. Ich höre noch das Schimpfen der Köchin, dann fällt die Tür ins Schloss.

Der Page ist mit der großen Suppenschüssel und dem Brotkorb schon die Kellertreppe hinaufgegangen und in den Burghof getreten. Ich schleiche ihm nach. Ich drücke mich an die Wand und sehe, wie er die Außentreppe an der Kemenate hinaufsteigt. Durch das offene Portal im ersten Stock verschwindet er. Ich husche hinter ihm die Treppe hinauf, komme in einen langen, breiten Gang mit vielen Türen auf der einen Seite und noch mehr Fenstern auf der anderen. Im flackernden Licht der brennenden Fackeln, die an einigen Stellen an der Wand stecken, kann ich gerade noch erkennen, durch welche Tür der Page geht. Dann drehe ich mich um und renne in die Küche zurück.

„Na, wenigstens warst du schnell“, murrt die Köchin. „Und jetzt wieder an die Spieße, sonst brennen mir die schönen Rebhühner an!“

„Ist recht“, sage ich und drehe und drehe. Meine Gedanken drehen sich auch. Mit mehr Glück als Verstand bin ich ganz in die Nähe von Elisabeth gelangt und weiß, wo sie sich aufhält. Aber wie soll ich es anstellen, mit ihr zu reden? Und in welche Gefahr bringe ich mich, wenn ich es tue?

Ein Wort von ihr zu ihrem Vater und ich lande vielleicht selber im Hexenturm! Und wie soll ich dann je wieder heimkommen?

Aber auf einmal ist so ein Gefühl in mir: Wenn ich alles tue, um Käthe zu helfen, dann wird auch mir geholfen. Bestimmt. Hoffentlich.

14. Kapitel

An die hundert Pläne habe ich mir schon ausgedacht und wieder verworfen. Es geht alles nicht: Auf die Platte mit den gebratenen Rebhühnern einen Brief an Elisabeth schmuggeln oder mich als Page verkleiden und sie bedienen oder mehr solchen Schwachsinn.

Nun ist der Abend um und ich weiß immer noch nicht, was ich tun soll. Und Käthe zittert vor Angst und Kälte in ihrem Verlies oder …

Der Page kommt und holt den Nachtisch für die Tafel der Herzogsfamilie: Milchreis mit Honig, Zimt und Mandeln. Die Köchin tut, als wäre das wer weiß was Besonderes und kratzt höchstpersönlich den Topf bis auf den allerletzten Rest aus, damit nur ja kein Körnchen von dem „kostbaren Reis" verloren geht.

Ich mag ja Milchreis mit Zucker und Zimt ganz gern, Mama macht ihn manchmal, wenn sie wenig Zeit zum Kochen hat, aber warum die Köchin so einen Aufstand darum macht, kapiere ich nicht. Ist ja auch egal. Viel wichtiger ist, dass das der letzte Gang ist und das Abendessen bald vorbei sein wird. Danach geht Elisabeth wahrscheinlich ins Bett und ich habe noch immer keine Ahnung, wie ich sie sprechen kann!

„So, jetzt brauche ich dich nicht mehr, gehe zurück zum Meisterkoch in die Dürnitz!“, sagt die Köchin zu mir. „Richte ihm aus, das nächste Mal helfe ich ihm auch wieder aus, wenn er in Bedrängnis ist!“

Ich nicke nur und mache mich davon. Als ich die Kellertreppe hochkomme, spähe ich in den Burghof, kann niemanden sehen. Es ist dunkel, aber aus den vielen Fenstern im zweiten Stock des großen Hauses gegenüber fällt Licht und man hört nach wie vor Musik und viele Stimmen. Auch die Fenster im ersten Stock der Kemenate sind noch schwach erleuchtet. Ich schleiche die Außentreppe hinauf und nehme den Weg, den vorhin der Page gegangen ist.

Ein paar der Fackeln sind heruntergebrannt. Es ist gerade noch hell genug, dass ich die Tür erkennen kann, hinter der der Herzog mit seiner Familie beim Nachtisch sitzt. Und fast genau gegenüber entdecke ich ein Fenster in einer tiefen Nische. Ich ziehe den dicken, bodenlangen Vorhang zu und drücke mich dahinter.

Mein Herz rast. Mein Atem geht furchtbar laut. Wenn jetzt jemand kommt, dann hört er mich bestimmt! Ich versuche lang und tief auszuatmen und dann ein und wieder lang aus. Das hat Mama mir mal beigebracht. Es hilft gegen Aufgeregtheit, hat sie gesagt. Es hilft wirklich.

Die Tür geht auf. Jetzt! Ich linse durch einen Spalt im Vorhang.

Es ist nur der Page. Aber für einen Moment erhasche ich einen Blick ins Zimmer. Es ist von Kerzen hell erleuchtet. Ich schaue dem Herzog genau ins Gesicht! Hat er mich etwa entdeckt? Nein, er hat seine Augen auf seinen Teller gerichtet. Ich erkenne ihn nicht richtig wieder, er trägt keine Rüstung mehr und von der Mauer aus habe ich ihn ja nicht so genau gesehen. Aber er muss es sein, denn er ist der einzige Mann am Tisch. Neben ihm sitzt eine Frau mit einer eigenartigen Haube auf dem Kopf und einer unglaublichen Menge Schmuck. Dann sehe ich noch vier weitere Frauen und zwei Mädchen mit langen offenen Haaren. Das eine von beiden ist Elisabeth. Dann geht die Tür schon wieder zu.

Ich warte. Nun wird da drinnen Musik gemacht. Müssen die Mädchen nicht endlich einmal schlafen gehen?

Wieder öffnet sich die Tür. Sie ist es, Elisabeth! Aber sie ist nicht allein. Ihre kleinere Schwester folgt ihr auf dem Fuß und dann – o nein! Auch eine der Frauen kommt mit einem Leuchter hinter den beiden her. Aber in der Tür dreht diese sich noch einmal um und sagt etwas zurück in den Raum. Meine Gelegenheit!

„Psst!“, mache ich leise und halte den Vorhang ein ganz klein wenig zur Seite. „Elisabeth! Bitte, ich muss dich sprechen. Es ist wegen deiner Brosche!“

Sie stockt, dreht den Kopf zu meinem Fenster. Ich schließe den Spalt im Vorhang und halte den Atem an. Jetzt kann ich nicht mehr sehen, was passiert.

„War da gerade jemand?", fragt die kleinere Prinzessin.

„Unsinn!", erwidert Elisabeth. „Komm endlich, Margarethe! Ich bin müde!"

„Ja, das war ein langer Abend", sagt die Frau, die den beiden inzwischen zu folgen scheint. „Aber wie schön, dass meine edlen Fräulein endlich einmal wieder ihren hohen Herrn Vater ganz für sich hatten, bevor das Herrscherpaar drüben in der Dürnitz den Tanz der Hofgesellschaft mit seiner Anwesenheit beehrt!" Die Schritte entfernen sich, dann höre ich am Ende des langen Ganges eine Tür auf- und wieder zugehen.

Ich presse meine Zähne in den Knöchel meines Zeigefingers. Was war das eben? Ich weiß nicht, ob Elisabeth mich gesehen hat. Aber gehört hat sie mich mit Sicherheit. Und sie wollte nicht, dass ihre Schwester und diese Frau mich entdecken. Aber wie kann das sein? Sie kennt mich doch gar nicht! Oder täusche ich mich? Hat sie den Kopf nur zufällig in meine Richtung gewendet?

Ich öffne den Vorhang wieder einen kleinen Spalt und warte. Irgendetwas muss jetzt passieren. Die Musik in dem Raum gegenüber wird lauter. Mir kommt es so vor, als wäre das gut für mich. Einige Zeit verstreicht. Die letzte Tür am Ende des Ganges wird wieder geöffnet. Mein Herz bleibt fast stehen. Es ist nur die Frau. Sie geht zurück in das Zimmer, in dem der Herzog, die Herzogin und die anderen Frauen sind.

Ich warte weiter. Und dann, ganz leise und verstohlen, geht die Tür am Ende des Ganges wieder auf und Elisabeth schiebt sich heraus. Auf Zehenspitzen schleicht sie auf mich zu. Sie hat nicht mehr ihr rot-blaues Kleid an, sondern ein langes weißes Hemd. Und nun ist sie da. Sie drückt sich zu mir hinter den Vorhang.

„Schickt dich Johannes?", flüstert sie. „Was hast du für Nachricht von ihm?"

„Johannes?", bringe ich hervor und verstehe gar nichts mehr. „Nein, es ist wegen der Brosche. Käthe hatte sie in ihrer Tasche und …"

Sie stößt einen kleinen Schrei aus. „Du kommst gar nicht von Johannes! Was willst du hier?"

„Käthe", stottere ich, „das Mädchen, das für dich die Rosen gegossen hat – sie hatte deine Brosche und die ist ihr aus der Tasche gefallen und jetzt ist sie verhaftet. Ich habe so schrecklich Angst um sie. Nur du kannst ihr helfen. Bitte, bitte, hilf ihr!"

„Alles verloren", murmelt Elisabeth.

„Nicht alles", versuche ich es noch einmal. „Wenn du mit deinem Vater sprichst – der Herr Herzog kann Käthe doch bestimmt freilassen!"

„Ich habe ihr gesagt, sie darf außer Johannes niemanden die Brosche sehen lassen und niemandem sagen, dass ich sie ihr gegeben habe", stöhnt Elisabeth.

„Was hast du?“ Fast schreie ich. „Du hast ihr die Brosche gegeben? Und jetzt hält man sie für eine Diebin! Das musst du sagen. Sofort!“

Elisabeth krallt ihre Finger in meinen Oberarm. Ich glaube, sie weint. Sehen kann ich es zwar nicht, es ist viel zu dunkel hinter dem Vorhang, aber ich höre ein Schniefen und ein Schluchzen ist in ihrer Stimme: „Das wollte ich doch nicht! Aber sagen kann ich es auch nicht. Das ist ganz unmöglich!“

„Was kannst du nicht sagen?“, fragt eine Männerstimme, die so klingt, als wäre sie es gewohnt, Befehle zu geben. Der Vorhang wird zur Seite gezogen. Vor uns steht der Herzog und neben ihm der Page von vorhin mit einer Laterne, mit der er uns genau ins Gesicht leuchtet!

„Elisabeth!“, herrscht der Herzog sie an. „Was hast du für Geheimnisse? Und wie kannst du es wagen, dich mit einem jungen Burschen vom Gesinde hinter dem Vorhang herumzutreiben?!“

„O Herr Vater!“, schluchzt Elisabeth auf, greift nach seinen Händen und fällt vor ihm auf die Knie.

Ich muss schlucken. Ich habe noch nie gesehen, dass eine Tochter vor ihrem Vater auf die Knie geht. Und ich dachte doch, die beiden würden sich lieb haben! Aber er sieht so streng aus, der Herzog.

Er zieht Elisabeth in die Höhe und nimmt ihr Gesicht in seine Hände. „Mein liebes Kind!“, sagt er, aber es

klingt überhaupt nicht lieb. „Du wirst mir jetzt alles gestehen. Alles!"

„Ja, Herr Vater", flüstert Elisabeth.

„Was hast du mit diesem Burschen hier zu schaffen?"

„Nichts, Herr Vater. Ich kenne ihn gar nicht. Er hat hier auf mich gewartet und mir zugeflüstert, er müsse mich sprechen wegen meiner Brosche."

„Deiner Brosche?" Der Herzog runzelt die Stirn und sieht mich an. Mir wird es ganz anders. „Was hat Er mit einer Brosche meiner Tochter zu schaffen?"

Er? Einen Augenblick denke ich, dass er Elisabeth gefragt hat, aber dann kapiere ich, dass er auf eine Antwort von mir wartet. *Er* ist offensichtlich die Anrede, mit der ein Herzog einen wie mich bedenkt.

„Es ist wegen Käthe", bringe ich heiser hervor. „Sie ist verhaftet worden, weil sie eine Brosche von Elisabeth hatte, ich meine, von dem edlen Fräulein. Aber Käthe hat die Brosche gar nicht gestohlen, sondern das edle Fräulein hat sie ihr gegeben …"

„Was höre ich da?! Elisabeth, warum verschenkst du deinen Schmuck an irgendeine Käthe?"

„Herr Vater, Herr Vater, ich habe sie ihr ja gar nicht geschenkt! Ich habe ihr gesagt, sie soll Johannes die Brosche nur zeigen, damit er weiß, dass die Botschaft, die Käthe ihm ausrichtet, wirklich von mir kommt. Ich wollte ihn doch bloß noch ein allerletztes Mal sehen, ich schwöre, Herr Vater, ich wollte nur Abschied von ihm nehmen. Weil die Frau Mutter sagt, ich wäre jetzt zu alt dafür, um einen Spielkameraden aus der Stadt zu haben. Aber wir haben doch so wunderbar zusammen musiziert, er auf der Fiedel und ich auf der Laute, und er konnte so schöne Geschichten erzählen. Er war eben mein bester Kinderfreund, und da wollte ich … Ich hatte vor, ihm einen Brief zu schreiben, aber ich wusste nicht, wer den für mich überbringen sollte, ohne dass die Frau Mutter Kunde davon erhält. Und als ich dieses Mädchen namens Käthe im Rosengarten auf der Baustelle sah – es war eine Eingebung, ich habe nicht darüber nachgedacht. Jetzt weiß ich, dass es falsch war. Verzeiht mir, Herr Vater, ich bitte Euch inständig, verzeiht! Ich habe Käthe aufgetragen, sie solle zu Johannes gehen und ihn zur Quelle am See bestellen, wo Margarethe und ich mit unserer Erzieherin am Nachmittag zu weilen pflegen. Dort sollte er mich wie zufällig treffen. Dann hätten wir uns Lebewohl sagen können."

„Johannes?", fragt der Herzog. „Der Sohn des Schultheißen?"

„Ja, Herr Vater."

„So ist das also! Wenn deine Frau Mutter sagt, du darfst ihn nicht mehr sehen, dann hast du dich daran zu halten! Und auf keinen Fall hast du geheime Botschaften an ihn zu schicken!"

„Ja, Herr Vater."

„Du wirst zur Buße für deine Verfehlung eine Wallfahrt nach Altötting machen und dort um Vergebung für die Übertretung des vierten Gebots bitten!"

„Ja, Herr Vater. Ich danke Euch. Ich danke Euch so sehr!" Und plötzlich wirft sich Elisabeth ihrem Vater an die Brust und er umarmt sie und drückt sie an sich und streichelt ihr über die Haare.

Dann sieht er mich an und macht eine wegwerfende Handbewegung. „Und Er verschwinde!"

Verschwinden soll ich. Nichts lieber als das! Ich will weg hier, nichts wie weg, aber vielleicht vergisst Elisabeth vor lauter Erleichterung, sich für Käthe einzusetzen, und Käthe darf doch keinen Augenblick länger in Gefahr sein!

„Ja, sofort, aber …", ich ringe nach Luft. „Käthe ist verhaftet, weil man glaubt, sie habe die Brosche gestohlen. Und wenn sie jetzt …" Ich bringe keinen Ton mehr heraus.

Der Herzog hebt die Augenbrauen, auf eine Art, dass mir schon wieder ganz anders wird. „Wer ist Er überhaupt? Was hat Er mit dieser Sache zu tun?"

„Ich bin Leo. Und ich habe als Handlanger auf der Baustelle an der Schildmauer gearbeitet. Dort im Rosengarten hat das edle Fräulein doch Käthe die Brosche gegeben. Bei der Brotzeit ist sie Käthe aus der Tasche gefallen und man hat sie verhaftet und abgeführt. Ich habe solche Angst um sie!"

„Wenn Er ein Handlanger ist, wie kommt Er dann in die Hauptburg?“, fährt der Herzog mich an.

Ich muss ihm die Wahrheit sagen, so viel ist mir klar. Nicht einmal Elisabeth hat es gewagt, ihm etwas zu verschweigen. „Ich wollte das edle Fräulein Elisabeth bitten, dass sie sich für Käthe einsetzt. Ich bin von der Schildmauer in den Turm geklettert und …“

Weiter komme ich nicht. Der Herzog brüllt. Er brüllt so laut, dass ich zusammenzucke und das ganze Haus dröhnt. Die Tür gegenüber wird aufgerissen und eine Frau ruft heraus: „Mein Gemahl, was ist Euch?“

„Da lasse ich meine Burg zu einer uneinnehmbaren Festung ausbauen, und dann kann ein dahergelaufener Handlanger von der Baustelle unbemerkt in das Innerste meiner Hauptburg eindringen!“, brüllt der Herzog. „Zwei Wächter halten unter strengsten Auflagen Tag und Nacht Ausschau vom Bergfried! Eine ganze Wachmannschaft sichert das Tor zur Hauptburg! Und nun das! Schafft mir die Wächter her!“

Der Page stürzt davon. Ich muss mich an der Wand festhalten, so zittere ich.

„Und Er!“, schreit der Herzog mich an. „Schaue Er, dass Er wegkommt! Sonst findet Er sich in eben dem Verlies wieder, aus dem Er diese Käthe retten wollte!“

„Bitte, Herr Vater“, sagt Elisabeth und greift nach seiner Hand. „Bitte, es ist doch alles meine Schuld! Bitte, gebt Befehl, dass Käthe freikommt!“

Da wird sein Gesicht auf einmal wieder ruhig und fast weich. Er streicht Elisabeth die Haare aus dem Gesicht. „Auf deinem Gewissen, mein Kind, soll nicht die Bürde lasten, dass ein unschuldiger Mensch deinetwegen leiden musste."

Dann winkt er einen weiteren Pagen herbei und befiehlt: „Laufe zum Amtmann und sage ihm, dass das Mädchen Käthe unschuldig und unmittelbar freizugeben ist! Und sorge dafür, dass dieser Bursche hier auf der Stelle die Burg verlässt und sie nie wieder betritt! Fort mit ihm!"

Ich stolpere hinter dem Pagen her. Fast falle ich die Treppe hinunter, so weich sind meine Knie.

15. Kapitel

Der Page bringt mich zum inneren Tor am Bergfried, dort nehmen mich zwei Wächter in die Mitte und zerren mich durch einen schmalen Zwischenhof und eine Art Tunnel zum richtigen Tor. Die Zugbrücke wird heruntergelassen, sie schleifen mich darüber und dann zu einer kleinen Seitenpforte im Ersten Vorhof. Es geht ein paar Stufen hinunter und schon bin ich draußen vor der Mauer und die Tür ist hinter mir wieder verschlossen.

Ich kann es gar nicht fassen: Der Herzog lässt Käthe frei! Und mir hat er nichts getan! Ich darf zwar nie wieder in die Burg, aber das ist mir doch gleich! Ich will nur noch nach Hause.

Nach Hause? Aber wenn doch der Weg dorthin in der Burg liegt?! Daran habe ich vor lauter Angst um Käthe gar nicht mehr gedacht. Und nun kann ich nicht mehr in die Burg zurück.

Seltsam: Der Gedanke jagt mir trotz allem keinen Schrecken ein. Irgendwie habe ich das feste Gefühl, dass alles gut wird und ich wieder heimkomme zu Mama und Papa. Jetzt, wo Käthe gerettet ist.

Ich taste mich vorsichtig den Weg bergab. Nur der Sternenhimmel leuchtet mir. Irgendwo unterhalb liegt die Stadt. Dort muss ich hin. Ich muss wissen, ob Käthe wirklich nichts passiert ist. Aber was heißt hier „nichts"? Die Angst, die sie in den letzten Stunden ausgestanden haben muss, war sicher schon schlimm genug für sie.

Grund, Angst zu haben, hatte auch ich mehr als genug. Ich glaube, ich habe ganz schön Glück gehabt, dass der Herzog mich laufen gelassen hat. Ein Pechvogel bin ich jedenfalls nicht.

Plötzlich stoße ich einen lauten Schrei aus. Weil alles vorbei ist und ich es geschafft habe und überhaupt. Ich bin ganz schön stolz auf mich. Aber noch einmal brauche ich so ein Abenteuer nicht.

Endlich gelange ich in die Stadt. Nirgendwo brennt Licht. Doch jetzt biegt ein Nachtwächter mit seiner Laterne um die Ecke und ich erkenne, dass ich in der Nähe der Kirche gelandet bin. Ich drücke mich ins Dunkel, bis er verschwunden ist. Dann taste ich mich weiter zu der Gasse, in der Käthe wohnt. Aus einem einzigen Haus kommt dort ein schmaler Lichtstreif. Es ist ihr Haus.

Der Fensterladen zur Werkstatt ist geschlossen, aber durch die Ritzen dringt das Licht. Ich höre Stimmen. Lautes Heulen. Es ist eine Frau, die weint und schluchzt. Das ist bestimmt Käthes Mutter. Da hält es mich nicht mehr. Ich klopfe an den Fensterladen. Kurz darauf wird die Tür geöffnet und Käthes Onkel leuchtet heraus. „Du?", sagt er. „Was willst du hier?"

„Es ist wegen Käthe", sage ich und drücke mich in den engen Flur. Aus der Werkstatt höre ich einen Mann sprechen: „Wenn ich das größte Weinfass baue, das je hergestellt wurde, und es dem Herzog verehre, und wenn ich ihn inständig bitte – vielleicht lässt er ja Gnade vor Recht ergehen und begnadigt Käthe und …"

Da rufe ich laut: „Das hat er längst getan und Käthe ist auch ganz unschuldig!"

„Was sagst du da?" Die verheulte Frau stürzt auf mich zu und zieht mich in die Werkstatt. Der Mann lässt den Hobel sinken, mit dem er eben ein langes Brett bearbeitet hat, und starrt mich an. „Unschuldig?", wiederholt er ungläubig. „Aber Bernhard hat doch selber gesehen, dass sie die Brosche des edlen Fräuleins in ihrer Tasche hatte!"

„Ja, schon", sage ich. „Aber sie hat die Brosche nicht gestohlen. Das edle Fräulein hat sie ihr gegeben. Und das hat Elisabeth ihrem Vater gestanden!"

Der Schäffler lässt sich auf die Bank fallen. Die Frau lacht und heult gleichzeitig und stammelt immer wieder: „Unschuldig! Begnadigt!"

Der Onkel aber packt mich an den Schultern und schüttelt mich: „Berichte alles, Wort für Wort!"

Also erzähle ich. Es ist so viel passiert. Ich kriege es gar nicht richtig auf die Reihe. Draußen läutet die

Kirchenglocke und plötzlich klopft es am Fensterladen. Der Onkel geht hinaus, das Läuten wird lauter und kurz darauf kommt Käthe herein und fällt mir um den Hals.

„Du warst es, Leo!", schluchzt sie an meiner Schulter. „Der Page hat mir alles erzählt. Du hast dich in die Hauptburg geschlichen und mit dem edlen Fräulein geredet und es dazu gebracht, dem Herzog alles zu beichten. Ich durfte es ja nicht sagen, das hatte ich dem edlen Fräulein doch versprochen, und vermutlich hätte es mir auch keiner geglaubt. Aber ich habe ohne Unterlass gebetet, dass sich meine Unschuld erweist – und dann hast du mich gerettet!" Sie gibt mir einen Kuss auf die Wange.

Lea hat mir noch nie einen Kuss gegeben. Ich bin ganz durcheinander. Käthe, Lea …

„O Leo! Ich mag mir gar nicht vorstellen, was mit mir im Verlies geschehen wäre, wenn du nicht gewesen wärst!"

„Ach", sage ich. „War doch klar. Wir haben uns schließlich versprochen, dass wir immer zusammenhalten, du und ich."

Da gibt sie mir gleich noch einen Kuss. „Danke", sagt sie. Ihre Haare kitzeln mich.

Und plötzlich ist sie weit weg, sie winkt mir zu, aber sie verschwindet immer weiter.

„Lea!", rufe ich, „Lea!"

Jemand streichelt mir über die Stirn. „Ist ja gut, Leo, du träumst nur", sagt eine Stimme. Es ist Mama. Sie ist da!

Ich mache die Augen auf. Mama sitzt neben mir, mein Kopf lehnt an ihrer Schulter, ihre Haare kitzeln mich im Gesicht. Bin ich vielleicht froh, Mama zu sehen!

Ich schaue mich um. Wir sitzen auf der Bank am Aussichtsplatz vor der Burgmauer. Dort ist die kleine

Pforte, durch die ich in die Vergangenheit geraten bin. Vom nahen Kirchturm läutet eine Glocke.

„Wie komme ich plötzlich wieder hierher, zu dir?!“, rufe ich aus und stelle fest, dass ich meine normalen Sachen anhabe.

„Wieder?“, fragt Mama. „Du warst die ganze Zeit hier! Du hast tief geschlafen. Wahrscheinlich hast du von deiner Krankheit her noch einigen Schlaf nachzuholen.“

„W-w-wie“, stottere ich, „da-da-das kann doch nicht …, ich, ich war doch fast drei Tage weg, im Mittelalter …“

Mama lacht. „Da hast du wohl ziemlich heftig geträumt!“

16. Kapitel

Drei Tage im Mittelalter, so viel ist passiert – und dann alles nur geträumt?

Mama sagt, dass ich nur eine Viertelstunde neben ihr hier auf der Bank geschlafen habe und beim Glockenläuten wieder aufgewacht bin. Es muss wohl so sein. Sie lügt mich schließlich nicht an. Aber trotzdem. Ich war doch dort, bei Käthe!

Ich drücke mich noch einmal fest an Mama. Mir ist gerade danach. Weil ich schließlich so lange nicht wusste, wie ich wieder zu ihr und Papa finden kann. Sie legt ihren Arm um meine Schulter.

„Na, ausgeschlafen?" Papa steht in der Pforte und grinst mich an. „Dann können wir ja weiter. Im übernächsten Hof gibt es ein Lokal. Da lade ich euch zu Kaffee und Kuchen ein. Das heißt, für dich gibt es vielleicht auch eine Eisschokolade, Leo!" Er zwinkert mir zu.

„Erst muss ich die Burg sehen! Mama, kannst du schnell noch mal nachschauen, wann die Kapelle eingeweiht und die Befestigung verstärkt wurde?"

„Wenn dich das plötzlich interessiert“, wundert sie sich und blättert in dem Reiseführer. „Die Kapelle wurde im Spätmittelalter von Herzog Georg dem Reichen und seiner Frau Hedwig von Polen gebaut und im Jahr 1489 eingeweiht. Und im Jahr 1488 veranlasste der Herzog große Baumaßnahmen, um seine Burg gegen die drohende Türkengefahr zu rüsten. Ein besonders bemerkenswertes Bauwerk, Schütt genannt, das die Burg an ihrer schwächsten Stelle schützen sollte, wurde 1494 fertig. Hier steht, dass oben drauf eine Plattform für Geschütze war, im Stockwerk darunter Getreide lagerte und das Erdgeschoss ganz mit Erde aufgefüllt war. Ich habe allerdings keine Ahnung, warum.“

„Na, damit die Kanonen es nicht zum Einsturz bringen konnten“, erkläre ich.

Papa stößt einen anerkennenden Pfiff aus. „Was du alles weißt!“

„Toll!“, sagt auch Mama und fährt dann fort: „Heute sieht man nichts mehr von dieser Schütt. Vor rund zweihundert Jahren wurde sie abgetragen und auch ein ganzer Teil der weiteren Befestigungen wurde abgerissen.“

Abgerissen – wo es doch so eine Leistung war, das alles zu bauen, nur mit Muskelkraft, ganz ohne Bagger und so! Ein paar Eimer Erde habe auch ich für die Schütt geschaufelt und Käthe noch viel mehr. Die Schufterei auf der Burg war echt krass. Ich bin ganz schön stolz auf mich, dass ich das durchgehalten habe.

Ich wüsste da so ein paar Angeber aus meiner Klasse, die dabei mit Sicherheit schlapp gemacht hätten.

Käthe hat oft schwere Arbeit leisten müssen. Wenn nicht auf der Baustelle, dann daheim und im Stall und im Garten. Und jeden Tag musste sie x-mal Wasser vom Brunnen nach Hause schleppen. Dabei war sie doch auch noch ein Kind und außerdem ein Mädchen. Aber was für eins!

Wenn ich mir vorstelle, sie wäre verurteilt worden … Zum Glück habe ich dafür gesorgt, dass ihre Unschuld herausgekommen ist.

„Der Herzog hatte übrigens keine männlichen Erben. Dafür hatte er zwei Töchter", erzählt Mama. „Er hat das Herzogtum seiner ältesten Tochter und ihrem Ehemann vererbt. Weil aber nach den damaligen Verträgen nur ein Sohn das Herzogtum erben durfte, gab es deswegen Krieg."

„Er hat Elisabeth eben geliebt", erkläre ich.

„Woher weißt du, dass sie Elisabeth hieß?", fragt Mama und sieht mich groß an.

Ich stehe auf. „Na, ich bin ihr schließlich begegnet! – Und jetzt kommt! Ich muss unbedingt die Schildmauer sehen und die Hauptburg!"

Gemeinsam ziehen wir los. Was hatte ich für eine Angst vor diesem Aufseher aus dem Pferdestall! Und jetzt spaziere ich gemütlich mit meinen Eltern durch den Dritten Vorhof. Je weiter wir in die Burg hineingehen, desto aufgeregter werde ich. Weil ich immer mehr Sachen entdecke, die ich wiedererkenne.

Mich hält es nicht mehr. Ich renne los. Das Tor zum Ersten Vorhof sieht noch so aus wie im Mittelalter, als Käthe und ich mit den anderen davor warten mussten, um reingelassen zu werden. Aber jetzt steht es offen. Dahinter ist die Mauer allerdings auf der einen Seite nicht mehr so hoch wie im Mittelalter und einige Gebäude fehlen. Aber hier ist das kleine Seitentor, durch das die Wachen mich aus der Burg geworfen haben, und da vorn erhebt sich die Hauptburg. Mein Herz schlägt wie verrückt.

Da, die Schildmauer! Der überdachte Wehrgang ganz oben mit dem Türmchen war noch nicht drauf, als ich dort gearbeitet habe. Das Tretrad und das Gerüst sind natürlich auch nicht mehr da. Aber sonst sieht alles so aus, wie ich es kenne. Sogar den Absatz zwischen der Mauer, die aus dem tiefen Burggraben aufsteigt, und der Schildmauer sehe ich. Dort war damals der Rosengarten, in dem Elisabeth Käthe die Brosche gegeben hat. Und da, am Fuß der Schildmauer, ist Käthe bei der Brotzeit die Brosche aus der Tasche gefallen.

Alles stimmt. Wie kann ich etwas im Traum gesehen haben, wie es in Wirklichkeit ist, obwohl ich vorher noch nie hier gewesen bin?

Ich winke meinen Eltern zu, die gemächlich hinter mir her schlendern, und laufe in die Hauptburg. Das meiste ist so, wie ich es kenne. Am Eingang zum großen Gebäude neben dem Bergfried steht: *Besucherzentrum im Dürnitzstock*. Die Außentreppe an dem großen Haus gegenüber, der Kemenate, bin ich hochgelaufen, um zu Elisabeth zu gelangen. Hinter einem der Fenster dort habe ich mich versteckt und der Herzog hat mich ertappt.

Plötzlich muss ich laut lachen. Jetzt bin ich ja doch wieder in seiner Burg, obwohl er es verboten hat! Wenn er das wüsste!

Mein Handy piepst. Ich hole es aus meiner Hosentasche und schaue drauf: eine SMS, von Lea!

Hallo Leo! Ich hoffe, du bist wieder gesund. Hier ist es schön, nur du fehlst. Ich hatte einen seltsamen Traum. Den muss ich dir erzählen, wenn ich zurück bin. Ich war im Mittelalter auf einer Baustelle und du warst auch da. Ich wurde verhaftet, aber du hast mich gerettet. Du bist echt ein guter Freund! VG, deine Lea.

Ich schnappe nach Luft. Käthe war also doch Lea! Wir haben die Zeitreise gemeinsam gemacht. Und ich habe geglaubt … Ach, ich weiß überhaupt nicht mehr, was ich denken soll.

Wenn Lea aus dem Urlaub zurück ist, rede ich über alles mit ihr. Und dann bitten wir unsere Eltern, dass wir zusammen hierherfahren. Wir schauen uns die Burg und die Stadt gemeinsam an, Lea und ich. Wir zeigen uns alles und erzählen uns gegenseitig, was wir hier erlebt haben, und vergleichen unsere Erinnerungen miteinander. Und dann werden wir ja sehen …

Nachwort

Zeitreisen gibt es nur in Büchern, aber Burghausen und seine Burg gibt es wirklich. Die Stadt an der Salzach wurde im späten Mittelalter durch den Salzhandel reich, denn Salz war damals sehr viel wertvoller als heute. Rund sechzig Salzhändler, die sogenannten Salzfertiger, gab es einst in Burghausen. Der Grund dafür ist, dass das Salz aus Hallein, einem Ort südlich von Salzburg im heutigen Österreich, nur auf der Salzach nach Bayern eingeführt wurde. Erst ab Burghausen durfte es auf dem Landweg in die verschiedenen Himmelsrichtungen weitertransportiert werden. Am Dürrnberg bei Hallein war schon vor über zweieinhalbtausend Jahren Salz abgebaut worden. Nach einer langen Pause entstand dort im Mittelalter (genauer seit dem späten 12. Jahrhundert) ein neues Salzbergwerk, das bis fast in die Gegenwart betrieben wurde.

Ende des 15. Jahrhunderts, also in der Zeit, in die Leo gerät, gab es in Bayern zwei Herzogtümer, deren Herzöge miteinander verwandt waren: das oberbayrische Bayern-München und das niederbayrische Bayern-Landshut, das viel reicher war. Deshalb bekamen dort die Herzöge den Beinamen „der Reiche".

Niederbayern war damals so groß, dass Burghausen in seiner Mitte lag. Heute grenzt Österreich jenseits der Salzach an Burghausen an und die Stadt gehört zum Regierungsbezirk Oberbayern. Die Burg von Burghausen war der Wohnsitz der Familie Herzog Georgs des Reichen von Bayern-Landshut und dessen zweiter Regierungssitz. Der Herzog selbst hielt sich jedoch vor allem in Landshut auf, seinem ersten Regierungssitz. Noch heute feiert die Stadt Landshut die „Landshuter Hochzeit" als Erinnerung an das große Fest im Jahr 1475, als die Königstochter Hedwig von Polen mit Herzog Georg dem Reichen von Bayern-Landshut verheiratet wurde. So führt die erfundene Geschichte von Leo in eine Zeit und an einen Ort, die nicht erfunden sind.

Wie die Stadt Burghausen vor über 525 Jahren ausgesehen hat, weiß man heute nicht mehr in jeder Einzelheit, denn sie ist wenige Jahre später fast vollständig abgebrannt und neu aufgebaut worden. Aber so, wie Leo es erlebt hat, könnte in etwa das Leben in Burghausen damals gewesen sein – und entsprechend auch in anderen spätmittelalterlichen deutschen Städten. Allerdings hat sich die Sprache der Menschen seinerzeit stärker vom heutigen Deutsch unterschieden, als es in der Erzählung dargestellt ist.

Wer die Möglichkeit hat, Burghausen einen Besuch abzustatten, der kann dort in der Stadt und in der längsten Burg der Welt sowie im Stadtmuseum und im Burgmuseum auf Spurensuche gehen. Er wird vieles entdecken, was ihm aus der Geschichte von Leo bekannt vorkommt.

Gabriele Beyerlein

Leseprobe aus:

Gabriele Beyerlein,

In die Steinzeit und zurück

Schulausgabe erschienen im
Hase und Igel Verlag, Garching b. München
ISBN 978-3-86760-157-3
Begleitmaterial für Lehrkräfte
ISBN 978-3-86760-457-4

Zwei dunkelhäutige Kinder stehen vor uns und reden in einer völlig unverständlichen, seltsam klingenden Sprache auf Leonie ein.

Wir haben Menschen gefunden! Beziehungsweise sie haben uns gefunden. Wir sind gerettet!

Ein Junge ist es, etwas größer als ich, und ein höchstens sechsjähriges Mädchen. Lustig sieht es aus. Es lacht über das ganze Gesicht. Jede Menge schwarze Zöpfchen stehen ihm in allen Richtungen vom Kopf ab. In jedem Zopfende steckt eine Feder oder eine Blume. In ein Zöpfchen, das mitten in die Stirn hängt, sind weiße Perlen geflochten. Über die Ohren hat sich das Mädchen Kettchen aus Kernen gehängt. Es hat so etwas Ähnliches an wie eine lange Lederhose und eine kurzärmelige Lederweste mit Fellbesatz, auf die jede Menge kleine weiße Knöpfe genäht sind, die gar nichts zu knöpfen haben. Das Mädchen ist barfuß genau wie der Junge. Der sieht nicht lustig aus. Er hat auch lange schwarze Haare, die er zu einem Knoten aufgesteckt trägt, und ist genauso gekleidet wie das Mädchen, nur ohne die Kettchen über den Ohren. Dafür trägt er eine Halskette mit drei Reißzähnen von irgendwelchen Raubtieren. In der Hand hält er einen langen Speer mit einer ziemlich gefährlich aussehenden weißen Spitze. Er lacht nicht.

Ich richte mich auf. Der Junge reagiert blitzschnell und richtet den Speer gegen mich. Ich bin wie gelähmt.

Leonie bricht in einen sinnlosen Schwall seltsamer Laute aus. Es kommt mir so vor, als würde sie zu dem Jungen reden, aber das kann ja nicht sein. Wir sprechen doch deren Sprache nicht! Nun dreht sie sich zu mir: „Sag ihm, dass wir friedlich sind und dass wir sie um ihre Hilfe bitten!"

„Wie soll ich das denn machen, wenn ich die Sprache nicht kann?", murmle ich und versuche, dem Jungen durch Zeichen klarzumachen, dass ich mich ergebe.

Endlich zieht er den Speer zurück und macht eine Kopfbewegung, die wohl bedeuten soll, dass ich aufstehen kann. Vorsichtshalber kreuze ich die Arme über der Brust. Das sieht friedlich aus, hoffe ich.

„Wie – du verstehst die Sprache nicht?", fragt Leonie stirnrunzelnd.

„Tu doch nicht so, als ob du das könntest!", entgegne ich gereizt.

„Doch, klar", erwidert sie völlig verblüfft und beginnt wieder auf die Steinzeitkinder einzureden. Ich verstehe die Welt nicht mehr.

Das Mädchen hat inzwischen offensichtlich Zutrauen zu Leonie gefasst. Es zupft an Leonies Jeansjacke herum, streicht mit dem Finger über die Glitzersteine, die auf die Taschen genäht sind, und interessiert sich dann brennend für ihre Uhr mit dem rosa Armband.

Leonie nimmt sie ab und macht sie dem Mädchen ums Handgelenk. Es hüpft vor Freude herum, als es entdeckt, dass man an dem Rädchen drehen kann und sich dann die Zeiger bewegen.

Da lege ich auch meine Armbanduhr ab und halte sie dem Jungen hin. Es macht ihm hoffentlich nichts, dass sie nicht mehr geht.

Der Junge sieht mich unter zusammengezogenen Augenbrauen an, nicht gerade freundlich. Was kann ich bloß tun, damit er sein Misstrauen verliert? Doch da bringt er etwas wie ein Lächeln zustande, lehnt den Speer an die Felswand, zeigt mir feierlich seine geöffneten Handflächen und nimmt die Uhr. Aber er bindet sie nicht um, sondern lässt sie in dem kleinen Beutel verschwinden, den er am Gürtel trägt. Dafür bringt er etwas anderes daraus zum Vorschein und hält es mir hin. Es ist ein Streifen getrocknetes Fleisch.

Ich nehme es an und kaue. Mir geht es gleich besser. Aber mir ist kalt. Dabei scheint die Sonne. Wir müssen ziemlich lange geschlafen haben, nachdem wir fast die ganze Nacht wach gewesen sind.